BASTEI
LÜBBE

Willy Breinholst

Hund müßte man sein!

Aus dem Dänischen
von Ingrid von der Behrens

BASTEI LÜBBE

BASTEI-LÜBBE-TASCHENBUCH
Band 10 217

Deutsche Erstveröffentlichung

Printed in Western Germany 1983
Einbandgestaltung: Roland Winkler
Illustrationen: Léon van Roy
Gesamtherstellung: Ebner Ulm
ISBN 3-404-10217-7

HUND. Eine Art Ergänzungs- oder Hilfsgottheit, eingeführt, um von dem enormen Überfluß an Götzendienst abzulenken und ihn in anderer Form zu übernehmen. In seinen kleineren, seidenartigen Verkörperungen nehmen diese göttlichen Geschöpfe im Gefühlsleben der Frau einen Platz ein, der keine menschliche, männliche Konkurrenz kennt. Der Hund ist eine Überlieferung, ein Anachronismus. Er arbeitet nicht, er schnurrt nicht – und doch hat man nie von einem Salomon in all seinem Glanz und all seiner Herrlichkeit gehört, der sich den ganzen Tag auf einer Türmatte aalt, von der Sonne bescheinen läßt, fett und wohlig, während sein Herr und Meister schuften muß, um das Allernotwendigste zu beschaffen und um sich ein faules Wedeln des hochverehrten Schwanzes zu erkaufen, gefolgt von einem stumpfen wiedererkennenden Blick.

Ambrose Bierces Definition des Begriffs HUND in The Devil's Dictionary (Des Teufels Wörterbuch)

1.

Jeder Hund hat das Bedürfnis, sich zu bewegen, ein Bedürfnis, das er vollauf in den Sommermonaten befriedigen kann, wenn die Familie mit ihm aufs Land zieht. Dort kann er sich frei und ungehindert im Gelände bewegen, ohne von Leine, Würge- oder Stachelhalsband festgehalten zu werden. Ganz anders als in der Stadt kann er hier jagend und schnüffelnd das Gelände durchstreifen, Parforcejagden und gewisse Formen spannender One-Dog-Shows vollführen, auf eigene Rechnung und Gefahr . . .

Pelzwarenfabrikant Kildrelunds Witwe, die etwas überspannte Frau Pelzwarenfabrikant Hilda Kildrelund, wohnte zusammen mit ihrem bissigen Schäferhund Fylla in einer größeren, säulenverzierten, weißgekalkten Patriziervilla im vornehmsten Viertel am Rande der Stadt. Eines Morgens, als die gnädige Frau noch in ihrem Bett lag, die gesteppte Eiderdaunendecke über die weißen Schultern hochgezogen, klopfte es vorsichtig an der Tür, und das Stubenmädchen Anna kam herein – mit einem Brief auf einem Silbertablett.

»Schlafen gnädige Frau noch?«

Die gnädige Frau schüttelte andeutungsweise den Kopf.

»Was wollen Sie, Anna?« fragte sie schlecht gelaunt, mit einem müden Blick auf die Uhr auf dem Nachttisch.

»Hier ist ein Expreßbrief vom Dorfbürgermeister in Tuxheim«, antwortete Anna.

Die gnädige Frau richtete sich halb im Bett auf. Sie haßte es, so unverschämt früh geweckt zu werden. Die Uhr zeigte erst halb zehn.

»Mach ihn auf!« befahl sie kurz. Anna öffnete ihn und reichte ihn über das Bett. Die gnädige Frau nahm ihn mit einem schläfrigen Gähnen und fing an zu lesen. Da stand:

»Liebe gnädige Frau! Das erste Mal, als ich das Vergnügen hatte, mit Ihnen zu korrespondieren, war damals, als Sie und Ihr Schäferhund Fylla hier oben in

Und die Adresse?

Könnte ich mal mit Dingo unter vier Augen sprechen? – Es handelt sich um ein Kilo Wurst, das von meinem Küchentisch verschwunden ist!

Tuxheim in Ihrer großen Sommervilla Urlaub machten. Das mag jetzt wohl fünf bis sechs Jahre her sein. Wie Sie sich vielleicht erinnern, hatte Ihr Schäferhund im Übermut das Pech, sechs meiner Schafe zu zerreißen. Wir wechselten aus diesem Anlaß einige Briefe, da man sich zwischen den Parteien nicht einigen konnte, wer zuerst gebissen hatte, Ihre Fylla oder meine Schafe.

Den folgenden Sommer, wie Sie sich wohl erinnern, brachte Ihr Schäferhund ein paar meiner Puter um. Und da Sie es unverantwortlich fanden, Puter in ein Gebiet zu lassen, in dem ein Schäferhund herumstreunt, und Sie nicht daran interessiert waren, für den genannten Schäferhund einen Maulkorb anzuschaffen, sondern anführten, daß ich, sofern ich Maulkörbe so gern mochte, mir selbst einen anschaffen solle, wechselten wir wieder einige Briefe. Zum Beispiel stand ich später in derselben Saison mit Ihnen wieder in Briefwechsel, als Ihr Hund meiner Frau nachsetzte, die auf dem Rad mit vollen Taschen am Lenker den Großmühlberg runterfuhr, und er sich in dem fleischigsten Teil ihrer unteren Region festbiß, so daß sie mit dem Rad stürzte, sich den Arm verstauchte und mit dem Kopf in eine große Schale rote Bete fiel, die sie in einem Korb am Lenker gehabt hatte. Während dieses, nennen wir es ›Notenwechsels‹, der darauf folgte, führten Sie an, daß Ihr Hund genauso viel Recht habe, auf Gemeindewegen zu verkehren wie meine Frau, weil er auch Steuern bezahle – und letzten Endes vielleicht mehr als ich, weil man ja von Pfuschereien bei Steuererklärungen auf dem Lande wisse.

Im nächsten Sommer korrespondierte ich mit Ihnen anläßlich Ihres Schäferhundes, der in meinem Hühnerhof Schaden angerichtet hatte, wobei sich ein halbes Dutzend meiner besten Eierleger – der Rasse Wyandotter – flatternd und flügelschlagend zu Tode gequetscht hatten. Sie führten an, daß – sofern es Eier von meinen weißen Wyandottern wären, die Sie letztens beim Kaufmann in Tuxheim bekommen hätten, wo mehrere dazwischen gewesen wären, die alles andere als tagesfrisch gewesen waren – der Verlust meiner Hühner ein Ausgleich für die halbvergammelten Eier sein könnte, die man Ihnen angedreht hatte.

Den folgenden Sommer stand ich nicht schriftlich mit Ihnen in Verbindung, abgesehen davon, daß Sie mich eines Tages anriefen und damit drohten, mich durch alle der Rechtsmaschinerie zu Verfügung stehenden Instanzen zu verfolgen, sofern ich meinem prämierten Stier, Duke Tuxheim, nicht umgehend den Kopf einschlüge. Er hätte Ihren Schäferhund gegen einen elektrischen Zaun gescheucht, als der Hund einigen jungen Hasen auf der Spur war und so von meinem ungezogenen Stier gehindert worden wäre, sein unschuldiges Spiel mit den Hasenjungen weiterzuführen, was bei Ihrer lieben Fylla einen Frustrationskomplex verursacht hätte, der sich so auswirkte, daß sie seitdem einen großen Bogen um Stierställe machte.

Vorigen Sommer hatte ich abermals das Vergnügen, mit Ihnen einige Noten zu wechseln. Der Anlaß war, daß Ihr Schäferhund während einer selbstveranstalteten Parforcejagd auf meinen dreijährigen Hengst Prinz diesen in einen Moortümpel trieb. Ich veräußerte Prinz später für 25 Mark an eine Abdeckerei. Während der Amtstierbeschauung im Jahre davor hatte dieser hochprämierte Hengst den Pferdezucht-Ehrenpreis des Landes erhalten. Sie hielten mir jedoch Unverantwortlichkeit entgegen, indem ich meine Tiere frei auf den Wiesen herumlaufen ließe, statt sie ordnungsgemäß angepflockt in meinen dafür eingerichteten Ställen zu halten, und bestanden im übrigen darauf, umgehend meine Moortümpel zuschütten zu lassen, da Ihr Hund ja während seiner kombinierten Bewegungs- und Jagdexkursionen in sie hineinfallen könnte.

Schließlich korrespondierte ich nochmals mit Ihnen kurze Zeit später im letzten Herbst, als Sie und Fylla in die Stadt zurückgezogen waren. Der Anlaß war, daß Fylla während eines Abschiedsbesuchs in meinem Hühner- und Entenstall zwölf meiner mit Korn gemästeten Gänse den Hals durchgebissen hatte. Sie entgegneten mir jedoch, daß das Unglück wohl nicht so groß sein könnte, da ja bald Martinstag sei und wir sicher sowieso Gans an diesem Tag essen würden. Gleichzeitig legten Sie eine Tierarztrechnung über 70 Mark bei, da Fylla sich während ihrer Jagd auf meine Gänse an einem Stück rostigen Draht verletzt und sich eine leichte Blutvergiftung zugezogen hatte, wofür Sie mich vor Gericht durch alle Instanzen zur Verantwortung ziehen wollten, sofern ich Ihnen nicht per Expreß und umgehend den Betrag zurückerstatten würde.

Wenn ich heute erneut an Sie schreibe, liebe Frau Pelzwarenfabrikant Kildrelund, dann deshalb, damit mir niemand vorwerfen kann, ich hätte mich aus den obenangeführten Gründen vielleicht veranlaßt gefühlt, mein Wissen über ein bestimmtes Ereignis zurückzuhalten. Es ist nämlich meine Pflicht als guter Nachbar und Dorfbürgermeister, Sie von diesem Ereignis zu unterrichten, damit Sie schnellstens Maßnahmen ergreifen können, falls sie diese für nötig halten sollten.

Liebe gnädige Frau, Ihre strohgedeckte und – soweit ich in Erfahrung gebracht habe – stark unterversicherte, leicht entzündbare Sommervilla hier in Tuxheim steht in hellen Flammen!«

2.

Der durchschnittlich intelligente Haushund kann in den wenigsten Fällen seine Verhaltensweise so steuern – d. h. sich in gegebenen Situationen auf eine bestimmte Art und Weise verhalten –, daß er die Bezeichnung »ein kluger Hund« verdient. Ist der Hund jedoch täglich von Menschen umgeben, die eine beträchtliche akademische Bildung besitzen, Sinn für Verhaltensforschung und die Instinkthandlungen des Hundes haben, dann kann die Intelligenz in solch einem Heim auf den Hund abfärben . . .

Hunde sind gar nicht so klug, wie man gern glauben möchte. Jedenfalls nicht mein Dingo. Nun ist es durchaus möglich, daß es Hunderassen gibt, die rein intelligenzmäßig über anderen stehen. In diesem Fall müßte es eigentlich nur ein Vorteil sein, daß Dingo Blut von beiden hat: von einem herrenlosen Köter und einem Cocktailhund hier aus der Nachbarschaft, der wiederum Bernhardiner-Blut in sich hat. Und Bernhardiner sollen ja zu den klügsten Hunden gehören, die es überhaupt gibt.

Aber Dingo ist und bleibt ein dummer Köter. Bei aller Freundschaft. Doch er hat ein gutes Gemüt, ein Wesen, das man trotz allem gern haben muß.

Zum Beispiel so eine einfache Sache wie das Zeitungholen – das lernt er nie. Dabei hat man doch im Laufe der Jahre von unzähligen Hunden gehört, die diesen kleinen, unkomplizierten Gang bis zur Vollkommenheit meistern. Aber nein, Dingo lernt es nie. Der Wille ist da, aber es fehlt einfach das Können.

»Dingo, komm her! Lauf runter zum Kiosk und hol die Zeitung, den Stadtanzeiger und die Totozeitung.«

Dingo wedelt eifrig mit dem Schwanz. Er ist Feuer und Flamme.

»Die Zeitung, Dingo! So eine wie diese hier. Schnupper mal dran!«

Ich lasse ihn die Witterung der Druckerschwärze der Zeitung aufnehmen.

»Das schaffst du doch, nicht?« rede ich ihm zu. »Los! Apport!«

Hast du Dingo zum Weinhändler geschickt, um etwas zu holen?

Frag Mama, ob sie Dingo nach einem Kasten Pilsner in die Stadt geschickt hat . . .

Dingo eilt zur Tür hinaus, eifrig bestrebt, die gestellte Aufgabe zu bewältigen. Er sondiert eine Weile die nächsten Villengärten und kommt dann mit einem Stock, einem Stein, einem abgenagten Knochen, einem zerbissenen Ball oder einer leeren Zigarrenschachtel zurück. Aber keine Zeitung. Eines Tages erschien er sogar mit einer Kindermütze . . . ohne daß ich nervös wurde, daß er das Kind gefressen haben könnte. Auf so was würde Dingo niemals kommen. Er ist – wie gesagt – eine gute Seele, aber dumm.

Jedenfalls ist er noch nie mit einer Zeitung zurückgekommen, wenn er nach einer Zeitung auf die Straße geschickt worden war. Doch, das heißt – einmal kehrte er mit einer vierzehn Tage alten Morgenzeitung zurück, in die Fisch eingepackt gewesen war. Das war an einem Sonntagmorgen, als ich ihn versuchsweise zum Bäcker nach frischen Brötchen geschickt hatte.

Ja aber – wie ist das bloß möglich? Anderer Leute Hunde können am Sonntagmorgen sehr gut mit einem Korb im Maul zum Bäcker gehen und mit dem Korb voller warmer Brötchen und frischgebackener Kopenhagener zurückkommen.

Nicht aber mein Dingo. Er hat einfach kein Hirn dazu. Mit dem Schwanz wedeln kann er, einem das Gesicht ablecken und hinter der Katze durch siebzehn Villengärten herflitzen. Aber ein paar Stücke Kopenhagener holen? Von wegen!

Ich habe auch versucht, ihn als Jagdhund zu trainieren, und das war es eigentlich, wovon ich erzählen wollte. Ich habe einen Schwager auf dem Land, der mich manchmal einen Gang mit der Büchse über seine

Wiesen machen läßt. Auch habe ich etwas Strandjagd mit Holzenten als Köder betrieben. Nur einmal habe ich Dingo mit auf Entenjagd gehabt. Das war mehr als genug. Wir hatten ein paar Stunden in einem flachen Kahn zwischen dem Schilf gesessen und beobachteten eine Schar Enten, die weit draußen auf dem See schwammen und dort herummanövrierten – zu weit entfernt, um auf sie zielen zu können. Bei Einbruch der Dämmerung flogen sie hoch, um sich etwas näher zu wagen, und ich sandte der nächstbesten Ente eine Ladung Schrot zu, so daß sie flügelschlagend ins Schilf fiel. Dingo bekam seine Chance, zu beweisen, was er gelernt hatte.

»Hinterher«, befahl ich, »apport!«

»Wuff!« machte Dingo und hopste ins Wasser.

Zwei Minuten später kehrte er mit einem stolzen Glitzern in den Augen zurück – und einer meiner Köderenten.

Sonntags versuchte ich es mit ihm auf den Feldern meines Schwagers. Er bekam die Chance seines Lebens – und verpaßte sie. Seit Sonntag ist definitiv Schluß mit dem Holen von Zeitungen, Brötchen, Krickenten, Fasanen oder überhaupt irgend etwas. Der Hund ist ein hoffnungsloser Fall. Und soll er irgendwann wirklich etwas holen, muß er sich an seinen eigenen Schwanz halten, an den Postboten oder an die jungen Enten drüben in den Grünanlagen. Jagdhund wird der nie.

Jetzt ist Schluß! Wenn noch mehr Platten zu holen sind, dann hol' ich sie selbst!

Er holt jeden Sonntagmorgen eine Zeitung. Weiß der Teufel, wo er die herbekommt!

3.

Wer einen »Gebrauchshund« besitzt und ihn auf Nutzleistungen, wie Wachdienst, abgerichtet hat, sollte daran denken, daß nur die absolute Ergebenheit des Hundes gegenüber seinem Herrn ein gutes Ergebnis garantiert. Ist zum Beispiel der Hund darauf dressiert, sich an Postboten und Herumtreibern festzubeißen, muß der Eigentümer sicher sein, daß der Hund sich nicht von falschen Schmeicheleien beeinflussen läßt . . .

Es ist möglich, daß Sie Krusenberg für ein bißchen weich in der Birne halten. Vielleicht finden Sie den Mann aber auch ganz vernünftig. Das hängt alles von Ihrer Einstellung zum besten Freund des Menschen ab, unserem treuen, vierbeinigen Gefolgsmann, dem Hund! Und von Ihrer Einstellung zu Buch- und Staubsaugervertretern! Also, es verhielt sich mit Krusenberg so, daß er die Leute nicht vertragen konnte, die herumliefen und bei jeder Gelegenheit an den Türen von Leuten klingelten. In seinem Privatleben wollte er Ruhe haben. Und man tat gut daran, seine Finger von seiner Klingel fernzuhalten. Schließlich hatte er sie selbst gekauft und bezahlt. Wenn es jemanden gab, der an seiner Tür klingeln durfte, dann nur er selbst. Und nicht diese geschäftigen Staubsaugervertreter, diese aufdringlichen Herumtreiber, die Bürsten verkaufen wollten, diese wurzellose Zigeunersippschaft, die den Mercedes drüben parkte und mit allerlei wertlosem Plunder an der Tür klingelte – diese aufdringlichen Verkünder extremer Religionen, diese schnellsprechenden, geschliffenen Herren, die 24 Bände Konversationslexikon mit Farbtafeln, Kunstdruck, Golddruck und allem möglichen Krimskrams anboten. Er konnte diese überfreundlich lächelnden Versicherungsagenten auf den Tod nicht ausstehen. Mit ihren großen, vielversprechenden Formularen, wo all die goldenen Versprechungen blitzschnell durch das Kleingedruckte auf der Rückseite annulliert werden. Er verabscheute Markenverkäufer und all die

30

Das Schild hat geholfen. Niemand ist seitdem über ihn gestolpert.

kleinen, rotznasigen, wassergekämmten Pfadfinderjungen, die klingelten, um Lose zu verkaufen, bei denen man riskierte, eine selbstgeschneiderte Tischdecke oder ein häßlich gesticktes Sofakissen zu gewinnen. Alles in allem konnte er Menschen nicht vertragen, die herumrannten und zu allen möglichen Tageszeiten bei Leuten an der Tür klingelten.

Also kam er auf die gute Idee, sich einen Wachhund anzuschaffen. Ein großer, bissiger, menschenfeindlicher Satan sollte es sein. Und das wurde er denn auch. Nämlich ein schreckeneinflößender, schwarzer, kurzköpfiger Rottweiler-Rüde, der in direkter Linie von den menschenfressenden, bißwütigen Kriegshunden abstammte, die Kaiser Nero in seinem Palast hielt, um sich gegen jede Art fremden Eindringens zu schützen, wenn er auf der Geige fiedelte. An einem strategisch gut gewählten Platz – gleich vor der Gartentür – stellte Krusenberg ein Hundehaus auf. Dann kaufte er ein großes, emailliertes Messingschild mit der Aufschrift BISSIGER HUND und nagelte es an die Gartentür. Darauf setzte er sich in seiner Gartenstube im Seegrasstuhl zurecht und wartete, daß jemand auftauchte, den der Köter beißen konnte.

Es vergingen keine zehn Tage, bis sich der erste Staubsaugervertreter zeigte. Löwenzahn, Mücken, Fliegen und Staubsaugervertreter sind bekanntlich Dinge, die bisher noch niemand ausrotten konnte.

Der Staubsaugervertreter öffnete forsch die Gartentür, beugte sich hinab und streichelte den großen, schwarzen, bissigen Köter freundlich im Vorbeigehen.

»Ja, ja – guter Wauwau!« sagte er schmeichelnd,

ging zum Haus und klingelte. Schmeicheleien war der Köter nicht gewöhnt, daher schlabberte er sie in sich hinein und lief eifrig wedelnd hinter dem Besucher her, in der Hoffnung, daß noch ein paar lobende Bemerkungen abfallen würden. In der Veranda erhob sich Krusenberg mit einem ärgerlichen Kraftausdruck. Dann ging er hinaus und öffnete. Der Staubsaugervertreter stand abwartend auf der Matte und kraulte den Rottweiler hinter den Ohren. Das war es eben, was dieser brauchte. Nach einer traurigen Jugend als Wachhung auf einem stacheldrahtumzäunten militärischen Übungsgebiet genoß er diese Fürsorge und Freundlichkeit.

Bevor der Staubsaugervertreter dazu kam, seinen Spruch aufzusagen, hatte Krusenberg ihn schon rausgeworfen.

»Danke, kein Interesse«, brüllte er und schlug die Tür mit einem Knall zu, daß der Luftdruck den Vertreter die Treppe hinunterfegte. Mit einem Schulterzukken zog dieser sich zurück. Kaum war er verschwunden, als Krusenberg dem Rottweiler ordentlich eins aufs Dach gab.

Dann ging er hinaus und starrte kurz auf das Warnschild an der Gartentür, nahm es ab und ersetzte es durch ein größeres, furchterregenderes. Mit Riesenbuchstaben stand da jetzt: VORSICHT! DER HUND IST LOS!

Er nickte zufrieden. Wenn das nicht wirkte, dann gab es nichts, was wirkte.

»Jetzt hast du gefälligst zu beißen, du großer, dummer Dämlack von Hund!« ermahnte er den Rottweiler, als er am Hundehaus vorbeiging. Der Hund folgte seiner Anweisung. Er fuhr aus der Hütte heraus und biß sich mit seiner ganzen Klaviatur an scharfen Zähnen so solide und nachdrücklich in Krusenbergs Hosenboden, daß der zur Unfallstation mußte, um seine klaffende Wunde mit 17 Stichen zusammengenäht zu bekommen.

Nach Hause zurückgekehrt, beschloß er, sich vom Rottweiler zu trennen. Von Hunden hatte er für die nächste Zeit genug. Dann setzte er sich in der Veranda auf einem weichen Kissen im Seegrasstuhl vorsichtig zurecht und grübelte lange und gründlich darüber nach, was er sich ausdenken konnte, um diese verdammten Herumtreiber zu verscheuchen.

Und wirklich! Ihm kan eine Idee, die sich als hundertprozentig erwies.

Nachdem er sie in die Tat umgesetzt hatte, zeigten sich nie wieder Staubsaugervertreter, Bürstenverkäufer, Pfadfinder, Zeugen Jehovas oder Versicherungsagenten in seinem Garten. Nicht einmal der Postbote – und es gehört schon was dazu, die wegzuscheuchen.

Was hatte er gemacht?

Ja, er hatte sein letztes großes Schild abgenommen und dafür ein neues aufgestellt. Ein kleines, lumpiges, handgemaltes Schild war es, das er mit ein paar Heftzwecken an der Gartentür befestigt hatte. Darauf stand:

BITTE, ACHTEN SIE AUF DEN HUND! SERUM GEGEN WUNDSTARRKRAMPF BEFINDET SICH GLEICH HINTER DEM EINGANG IM VERBANDSKASTEN!

Ich glaube, es waren Gäste hier . . . die sich mit Dingo nicht richtig verstanden haben!

4.

Für einen läufigen Hund kann es ein recht zweifelhaftes Vergnügen sein, beispielsweise bei älteren Fräuleins zu wohnen. Sie reagieren oft auf Paarungswilligkeit und zur Paarung aufforderndes Gehabe mit großer Verbitterung, daß Paarungsverhalten bei den Geschöpfen der Erde überhaupt vorkommt. Folglich verhindern sie strikt, daß der Hund auf die Straße geht, wo er riskiert, einem Schicksal ausgesetzt zu sein, das für sie schlimmer ist als der Tod.

Die pensionierte Lehrerin, Fräulein Knirkholm, saß in ihrem abgewetzten grünen Plüschsessel im Erker und beobachtete das bißchen Leben, das sich vor ihrem Fenster draußen auf dem Bürgersteig abspielte. Sie öffnete ein wenig das Klappfenster. Wie war das Wetter doch mild, sonnig und frühlingshaft, daß sie beschloß, einen Spaziergang durch die stillen Anlagen der Provinzstadt zu machen. Sie erhob sich, schlüpfte in die schwarzen, spitznasigen Spangenschuhe, zog den Mantel an und ging hinaus. Ach, wie fühlte sich die Luft doch weich und schön an. Es war tatsächlich Frühling geworden. Gleich am Eingang zum Park saß ein junger Mann auf einer Bank und küßte und begrapschte ein junges Mädchen. Fräulein Knirkholm verzog den Mund und beeilte sich, in eine andere Richtung zu sehen. Zu ärgerlich, daß man sich in einer öffentlichen Anlage nicht bewegen kann, ohne von Unartigkeiten belästigt zu werden.

Sie ging hinunter zum See der Anlage. Ihr Blick fiel auf zwei Spatzen in Frühlingsstimmung auf einem Baum. Das Männchen versuchte Annäherungen, doch das Weibchen erspähte rechtzeitig die Gefahr, flog blitzartig auf und ließ sich auf einem Zweig des nächsten Baums nieder. Etwas weiter hätte es ruhig fliegen können, dachte Fräulein Knirkholm und kniff den Mund noch mehr zusammen.

Ein Soldat aus der nahegelegenen Kaserne kam vorbei, mit seinem Mädchen im Arm. Jedesmal, wenn er sie etwas fester an sich drückte, kicherte sie und

Das schlag dir aus dem Kopf! Dafür haben wir kein Geld.

sagte: »Laß doch, Kai«, ließ ihn aber ohne weiteres mit seiner schamlosen Drückerei weitermachen. Das muß die Frühjahrsluft sein, die die jungen Menschen nicht vertragen, dachte Fräulein Knirkholm und sandte dem Soldaten einen tiefentrüsteten, nadelspitzen Blick zu. Dann ließ sie sich auf eine Bank sinken. Gleich über ihrem Kopf, in einem großen, alten Maulbeerbaum, alberten zwei kleine ausgelassene Eichörnchen. Als die Albernheit ausartete, sah Fräulein Knirkholm schnell in eine andere Richtung. Hinunter zum See.

»Quak! Quak!« sagten die Enten auf der kleinen künstlichen Insel in der Mitte des Wassers. Und dann küßten sie sich ungeniert.

Fräulein Knirkholm knöpfte den Mantel etwas enger am Hals zu. Ein verliebtes junges Paar setzte sich direkt gegenüber auf die Bank. Fräulein Knirkholm stellte mit einem hastigen, verstohlenen Blick fest, daß der junge Mann seine Hand auf dem Knie des Mädchens hatte. Sie beeilte sich fortzusehen.

»Nein, Paul, bist du verrückt«, hörte sie das Mädchen sagen, »doch nicht hier!«

Da stand Fräulein Knirkholm auf und strebte mit schnellen, festen Schritten dem Ausgang zu. Sie war halb durch die kleine Hauptstraße unten in der Provinzstadt gegangen, als sie ihre Schritte verlangsamte. Vor der Wäscherei stand sie einen Augenblick still, dann drehte sie sich um und ging zum Markt. Bei der Konditorei bog sie um die Ecke und betrat die Tier- und Vogelhandlung der Stadt.

»Sie haben einen Rauhhaardackel zum Verkauf annonciert«, sagte sie, »haben Sie den noch, Herr Winter?«

Doch, den hatte er noch. Er holte ihn her.

»Ein wirklich schöner Hund, Fräulein Knirkholm, mit Stammbaum. Sehen Sie die Deckhaare – hart, rauh und dicht, genau wie sie sein sollen. Und die aufrechte Haltung . . . Sehen Sie, wie unternehmungslustig er den Kopf hält – hoch mit dem Kopf, Jeppe! Der Brustkasten ist kräftig und gut entwickelt, und der Bauch leicht eingezogen . . . Sie bekommen keinen besseren Hund für den Preis. Keine Runzeln und Falten an den Ohren. Sehen Sie, wie hoch die ansetzen und wie dicht sie beieinanderliegen . . .

»Ist es ein ER oder eine SIE?«

Fräulein Knirkholm wandte den Kopf halb weg vom Hund, damit sie nicht gezwungen war, eventuell selbst Beobachtungen machen zu müssen, die die Frage ohne Herrn Winters Hilfe beantwortet hätten.

»Ein ER . . . jung, voller Saft und Kraft. Aber passen Sie auf, viele Hündinnen sind jetzt gerade läufig. Sie müssen ihn daher wohl besser einige Zeit drinnen behalten, wenn Sie vermeiden wollen, daß er herumläuft und Unglück verursacht!«

»Sie können ganz beruhigt sein«, kam es kurz von Fräulein Knirkholm, worauf man verabredete, daß Herr Winter denselben Nachmittag mit Jeppe zu ihr nach Hause kommen sollte.

»Sie woll'n nicht eine kleine Hündin noch dazunehmen, damit sie etwas Spaß zusammen haben und . . .«

»Nein, danke!«

Fräulein Knirkholm warf ihm einen Blick zu, der ihn schleunigst das Thema wechseln und statt dessen eine Bemerkung über das milde Wetter machen ließ.

Dann ging Fräulein Knirkholm heim. Am Nachmittag kam Herr Winter, wie versprochen, mit Jeppe. Nachdem Jeppe etwas in der Stube herumgeschnüffelt hatte und Winter gegangen war, beeilte sich Fräulein Knirkholm, die Tür des angrenzenden Zimmers zu öffnen, um stolz Jeppe vorzuführen.

Obwohl ihr lieber Dackel, Hündin Dina, nicht sofort wagte, es allzu offen zu zeigen . . . zeigte sie schon sehr bald eine unbändige Freude über so reizende und anregende Gesellschaft.

Nächstes Mal, wenn du mit meiner Zeitung kommst, dann bedeutet LOSLASSEN, daß du loslassen sollst!

5.

Laute, die ein Hund von sich gibt, sind nicht immer so eindeutig, wie man meinen sollte. Gewisse Hunde reagieren auf Gesang und Musik mit einer so kräftigen Gemütsbewegung, daß sie typische instinktive Äußerungen vergessen und versuchen, die menschlichen Laute nachzuahmen. Ohne Zweifel löst ein Gefühl der Einsamkeit, der Verlassenheit beim Hund oft ein intensives, geradezu melodisches Heulen aus . . .

LOUIS GERALDO verdiente sein tägliches Brot als Bauchredner. Er trat mit seinen Bauchrednerpuppen in kleinen drittrangigen Varietés des ganzen Landes auf und kam gerade so zurecht – doch es war ein unstetes Leben. Auf dem Weg nach Stoke-on-Trent machte er eines Tages halt, um seinen Durst an einer Quelle am Wege zu stillen. Er hatte sich gerade niedergekniet, als er einen struppigen Schäferhund entdeckte, der mit einem verträumten Ausdruck in den gutmütigen Augen das Lied sang: »Farewell and Goodbye, my Own, my Dear!« Im ersten Augenblick glaubte Geraldo seinen Augen und Ohren nicht zu trauen. Aber es war Wirklichkeit: Der Hund sang tatsächlich mit tiefer, melodiöser Stimme das altbekannte walisische Volkslied. Ein bärtiger Hirte saß mit gekrümmtem Rücken auf einem riesigen Stein neben ihm und kraulte ihm den Nacken. Geraldo fragte ihn, ob ihm der Hund gehöre.

»Ja«, nickte der Alte. »Aber er taugt zu nichts mehr, zu steif in den Beinen, um die Schafe zu bewachen, zu faul und desinteressiert. Ich habe mir gerade einen jungen angeschafft. Der alte Lassie sitzt bloß den ganzen Tag da, jault und grölt all seine alten, wehmütigen Lieder.«

»Wer hat ihm das beigebracht?«

»Ich! Zwölf Jahre lang saß Lassie neben mir, während ich all die alten Lieder summte. Etwas Gehör muß ihm angeboren sein. Jedenfalls kann er sie alle auswendig . . . obwohl ich nicht viel von seiner Sing-

Seit wann verstehst du was von Malerei?

Von den Noten kann er sich gar nicht trennen. Ob man ihm eine Blockflöte schenken sollte?

stimme als solcher halte. Im übrigen singt er nur, wenn man ihn im Nacken krault . . . dann fühlt er sich wohl – dann blafft er etwas und stimmt irgendeine Melodie an . . .«

»Wollen Sie ihn verkaufen?«

»Ihn verkaufen? Sie können ihn geschenkt haben! Er ist mir bloß eine Last. Aber ihn zu erschießen bringe ich nicht übers Herz.«

Geraldo bekam den alten englischen Hirtenhund. Einige Tage später hatte er eine tolle Bauchrednernummer eingeübt und führte ihn einem Artistenagenten, Mr. Tzigani, vor. Er setzte den alten Lassie mitten auf Tziganis Schreibtisch, kraulte ihn im Nacken . . . und Lassie begann zu singen. Er grölte munter und wohlaufgelegt die gute alte Volksweise: »At Carfax good my darling waits!«, während Geraldo mit mehreren Heftpflastern vor dem Mund seinen Kopf tief hinunter in einen Eimer Wasser steckte, um Mr. Tzigani zu überzeugen, daß nicht er es war, der sang. Als Lassie mit seinem Lied fast am Schluß angekommen war, nahm Geraldo seinen Kopf aus dem Eimer und riß das Heftpflaster ab.

»Na, Mr. Tzigani, was sagen Sie jetzt?« fragte er gespannt den Artistenagenten.

»Diese Art Bauchrednernummer hat es früher schon gegeben.«

»Nicht mit sieben Streifen Heftpflaster vor dem Mund und nicht mit dem Kopf in einem Eimer Wasser! Im übrigen kann ich Ihnen, unter uns gesagt, anvertrauen, daß es in Wirklichkeit der Hund ist, der singt!«

»Danke«, fertigte Tzigani ihn kurz mit einer verärgerten Handbewegung ab. »So was können Sie sich sparen! Ich bin doch kein Idiot! Ich arbeite seit dreißig Jahren in der Branche, mein Lieber! Aber, all right, das ist ein ganz guter Bauchrednertrick. Sie können in der Trimble Music Hall vom Ersten an ein Engagement antreten.«

Geraldo war glücklich. Dem Engagement folgte ein Gastauftritt in der Fernsehshow »The Good Old Days«, wo das Publikum über GERALDO AND HIS SINGING DOG jubelte. Er baute die Nummer noch mit einer kleinen Raffinesse aus, indem ein Herr oder eine Dame aus dem Publikum auf die Bühne kommen und das Ohr an Lassies Mund legen durfte. Und jedesmal war der Betreffende bereit zu schwören, daß der Ton vom Hund kam! Phantastisch gut gemacht! Eine hervorragende Nummer! Denn selbstverständlich handelte es sich um einen Trick, das war ja klar. Jedoch konnte man diesen Trick unmöglich entdecken . . . und daher war es wirklich ein Supertrick.

In der nächsten Zeit verdiente Geraldo mit seiner Nummer eine Menge Geld, und die Engagements wurden immer besser. Eines Abends vertraute er sich seiner Frau Rhona an.

»Rhona«, sagte er, »ich kann es einfach nicht lassen, manchmal darüber nachzudenken, daß etwas mit einem Hund wie Lassie unnatürlich ist . . . ich meine . . . ein singender Hund. Na gut, seine Stimme ist kein überragendes Talent, aber allein die Tatsache, daß er all die alten Lieder behalten hat. Es sind einige dabei, wie zum Beispiel »My Irish Molly O!«, die bis zu einem Dutzend Strophen haben. Ich weiß, du

Nein, er ist noch nie zur Hundeausstellung gewesen, aber einmal waren wir zur Katzenausstellung . . . Mann! Das Theater hättest du mal sehen sollen!

Telefon für dich!

glaubst, das sei ein Trick und daß ich es in Wirklichkeit bin, der singt. Du sollst jetzt aber hören, wie ich zu dem Hund gekommen bin. Es war oben bei Stoke-on-Trent, wo er bei einem alten Hirten saß und sang, als ich vorbeikam und . . . och, er saß da und sang an einer Quelle und . . .«

»Ach, hör auf«, unterbrach Rhona ihn gereizt, »jeder im Showbusineß weiß, daß so was Bauchrednertricks sind. Selbst wenn du ungewöhnlich gut dabei abschneidest, brauchst du nicht zu versuchen, mir was vorzumachen. Ich habe im Laufe der Zeit zu viele Varieténummern gesehen, um darauf reinzufallen! Saß und sang an einer Quelle! Mann, hör doch auf!«

Dann redete man nicht mehr darüber. Und eines Tages trudelte das ganz große Angebot aus Amerika ins Haus: ein dreimonatiges Engagement in dem weltbekannten Seven Star Club, Las Vegas. Geraldo flog sofort hinüber, um den Vertrag zu unterschreiben. Ein paar Tage später folgte Rhona mit allen Requisiten. Als Geraldo auf dem Flughafen eintraf, um sie in Empfang zu nehmen, bekam er den Schock seines Lebens.

»Wo ist Lassie?« fragte er heiser.

Statt mit dem alten, struppigen, verlebten Hirtenhund erschien sie mit einem jungen, edlen, frisch getrimmten schottischen Windhund, einem vornehmen Rassehund allerbester Klasse.

»Lassie?« sagte sie, »den hab' ich einem Hundefänger zum Einschläfern übergeben. Du willst dich doch wohl nicht im Star Club mit einem alten, verlausten, schäbigen Köter zeigen wollen? Dieser hier paßt viel besser zum Geschmack eines verwöhnten Publikums . . . besonders wenn du etwas Modernes und Fortschrittliches einübst statt dieser stinklangweiligen, naiven, alten irischen Volkslieder!«

6.

Jeder Hundebesitzer weiß, daß sein Hund im Straßenverkehr besonders gefährdet ist. Er sollte ihn daher von verkehrsreichen Straßen fernhalten. Wenn der Hund auf eine stark befahrene Straße losstürmt, kann er dem Leben und Eigentum anderer großen Schaden zufügen, und auch sich selbst. Erst in dem Augenblick, wenn der Hund vielleicht tot am Straßenrand liegt, fühlt man oft, wieviel er einem bedeutet hat, wie unersetzlich er einem ist . . .

In ruhigem, den Verhältnissen angemessenem, gleichmäßigem Tempo fuhr ich auf einer wenig befahrenen Landstraße. Da flog plötzlich ein Huhn, in panischer Angst wild mit den Flügeln schlagend, verfolgt von einem bellenden Köter unbestimmbarer Herkunft, quer über den Weg. Ich bremste, daß es quietschte. Das Huhn entging dem Auto um Haaresbreite, aber der Hund prallte gegen die Karosserie – war auf der Stelle tot –, ohne mir die geringste Chance zu lassen auszuweichen. Ich hielt natürlich an und stieg aus, um zu sehen, ob ich etwas tun konnte. Vom Kuhstall eines in der Nähe liegenden Hofes kam ein Bauer mit einer Mistgabel auf mich zu.

»Er raste direkt vor meinen Wagen«, erklärte ich mit leichtem Schock. Ich hatte noch nie ein Tier überfahren, und ich hoffte, daß mir das nie wieder passieren würde.

»Du häßt jo woll bitieden sutjer föhrn kunn! Kümmst hier ankarjoolt un föhrst anner Lüüd Hunde doot«, knurrte der Bauer und sandte mir einen giftigen Blick zu.

»Aver dat is, wat ik seeg: Ji Stadtminschen fleegt un föhrt as de Düvel, as häbbt ji een Rakeet in'n Achtersten.«

Es hätte eindeutig zu nichts geführt, darauf hinzuweisen, daß ich doch sein Huhn gerettet hatte, oder überhaupt mit dem Mann zu diskutieren. Daher machte ich ihm einen Vorschlag, um die Sache in Ordnung zu bringen.

Es steht hier ausdrücklich, daß Hunde Haustiere sind. Was willst du denn jetzt schon wieder auf der Straße?

»Es tut mir leid, daß es den Hund getroffen hat«, sagte ich. »Und ich bin ja auch bereit, Sie mit einem angemessenen Betrag zu entschädigen. Ich möchte ungern die Versicherung einschalten, denn dann verliere ich den Bonus. Wie wär's mit 50 Mark?«

Der Bauer sah aus, als ob das Angebot sein gesamtes Eigentum mit diversem dazugehörigem Grund und Boden, Maschinenpark und Bediensteten umfassen sollte.

»Wat? Lumpige föfftig Mark för dat schabbige Dootföhrn vun Janka? Aver du kannst ehr jo nich ansehn, dat se rein as de Düvel achter de Ratten her weer. Wokeen schall dat denn nu doon? Un wat ik di noch seggen wull: Se weer een echten Hund, een prima Krüzung twischen den lütten swatten Hund von uns Höker un een groten swatten Hund vun een Gootsherrn. Jo, dat weer se! Kloar weer se dat . . .«

Ich unterbrach den Mann. Ich mußte zu einer sehr wichtigen Verabredung um sechs Uhr, daher mußte ich die Sache erledigt haben . . . auf Biegen oder Brechen.

»Hören Sie jetzt zu«, sagte ich.

»Wenn wir ehrlich sind, dann glaube ich nicht, daß Sie mit fünfzig Mark betrogen sind. Wenn aber der Verlust für Sie so groß ist, wie Sie behaupten, dann laß uns 60 Mark sagen, damit ich weiterfahren . . .«

»Du wullt mi nich bedreegen? Kloar wullt du dat! Du häßt sehn schullt, as Janka achter de Hasen her weer. Du leeve Tied, wat se de Hasen upstövern kunn. Düvel noch mol, wat de afbiestern deen, wenn Janka over de Rövenfeller achter ehr herjachtern dee!

Un nu kann ik ehr blots noch up'n Mist föhrn, blots wiel so'n Kerl nich tiedig Gas wegnehmen kunn, um ehr över de Straat to laten. Se betahlt jüst so Stüürn as so'n verdreihten Keerl as du!«

Noch einmal erlaubte ich mir, seinen Wortschwall zu unterbrechen.

»Hier«, sagte ich und drückte ihm 75 Mark in die Hand. »Damit ist die Sache aus der Welt. Ich muß um sechs Uhr in der Stadt sein.«

Mit einem nicht sehr zufriedenen Grunzen steckte der Bauer das Geld in die hintere Hosentasche.

»Du büst dammich billig davunkommen! So en Prämienhund as Janka dootoföhrn. Aver dat weer't, wat ik to mi seggen dee, as ik von'n Mist röverkeem: een plietschen Keerl, segg ik, süht, wat he di bedreegen kann, un deit dat ok. Ji Stadtlüüd makt ut all'ns'n Geschäft – jo, doot ji! Dat is kloar.«

Unzufrieden brummend zog der Bauer ab, und ich ging hinüber zum Wagen, um weiterzufahren. Im selben Augenblick kam ein Mann auf einem Rad und mit einem Gewehr über der Schulter vorbei.

»Tach!« sagte er und sprang vom Rad.

»Tach!« erwiderte der Bauer.

»Na«, setzte der Mann mit dem Gewehr fort, »du häst ehgr dootföhrt? Dat is jo wunnerbar! Wat hebt we Glück hatt, Niels Peter! Denn spoort we de Patroon. Un wat spoort is, is verdeent. Jo, so ist dat!«

»Die Kugel sparen?« fragte ich interessiert. »Was soll das heißen?«

Der Mann mit dem Gewehr wischte sich mit dem Handrücken etwas Priem aus dem Mundwinkel.

»Tja, dat heet nix anners, as dat de dumme Köter

Janka vun de besten Leeghöhner – düsse Italjeener mit den roden Kamm, du weets – den Kopp afbeeten hett! Un ik harr Niels Peter verspraken, den dullwütigen Köter doottoscheeten – mit düt Scheetgewehr!«

Und denk daran: Nicht wieder den ganzen Abend beim Wurststand rumhängen!

7.

Die Tiergattung Haushund, canis faviliaris, läßt sich ebenso wie die Tiergattung Mensch, homo sapiens, durch die äußere Erscheinung charakterisieren. Da kein anderes Tier so viele Unterschiede und besondere Kennzeichen seines Äußeren aufweist wie der Hund, sollte sich jeder Hundebesitzer das Aussehen seines Hundes genau einprägen . . .

Frau Schiffsreeder Beverholm war verzweifelt. Was sollte sie bloß machen? Ihr Mann, der Schiffsreeder, war verschwunden – einfach weg! Montagabend hatte sie ihn hinuntergeschickt, er sollte den Hund ausführen, und jetzt war Freitag, und er war immer noch nicht zurückgekommen. So lange kann man doch nicht einen Hund ausführen? Sie vertraute sich einer Freundin an, die ihr den vernünftigen und ausgezeichneten Rat gab, nach ihrem Karlemann suchen zu lassen. Und so wählte Frau Beverholm auf dem hellroten Telefon ihres Nachttisches die Nummer der Polizei.

»Ja, hallo, ist dort die Polizei? Es handelt sich um meinen Mann. Schiffsreeder Beverholm. Montag schickte ich ihn raus, um mit Sirra . . ., meinem Hund, einen Spaziergang zu machen. Und jetzt ist Freitag, und weder er noch mein süßer, kleiner . . .«

»Wollen Sie nach Ihrem Mann suchen lassen?«

»Ja:«

»Dann werde ich Sie zur Suchdienstabteilung durchstellen.«

»Ja, hallo, ist dort der Suchdienst? Es handelt sich um meinen Mann. Montagabend schickte ich ihn raus, um mit dem Hund einen Spaziergang zu machen . . . meine kleine Sirra . . . und jetzt ist es Freitag und . . .«

»Er ist nicht zurückgekehrt?«

»Nein, und das fürchterliche ist, verstehen Sie, daß wir heute abend zum Essen in der Botschaft eingela-

Ich hätte gern ein halbes Pfund Pralinen – nein, ein ganzes Pfund!

He, he . . . wenn wir streiten, sollst du nicht anfangen, Partei zu ergreifen!

den sind. Das ist eine fürchterlich unangenehme Sache, daß . . .«

»Wenn Sie Ihren Mann suchen lassen wollen, müssen wir eine Personenbeschreibung haben, gnädige Frau.«

»Können Sie ihn beschreiben?«

»Karlemann? Ich denke doch!«

»Alter?«

»Nein, mein Lieber, jetzt glaub ich doch, Sie werden etwas zu neugierig! Es reicht wohl zu sagen, daß ich in meinen besten . . .«

»Das Alter Ihres Mannes!«

»Oh, seines – ja, natürlich! Nein, warten Sie mal, wie ist das . . . 47 ist wohl seine Kragenweite! Kann es sein, daß er Kragenweite 47 braucht? Oder bei seinen Schuhen?«

»In welchem Jahr ist er geboren?«

»1817!«

»Wie bitte?«

»1718 meine ich! Himmel, nein – was sage ich? Ich bin fürchterlich tolpatschig bei solchen Sachen. Es soll selbstverständlich 1918 sein! In jedem Fall neunzehnhundert und noch was. Neunzehnhundert und ein kleines bißchen, glaub ich. Er sagt jedenfalls immer, daß er auf der richtigen Seite des zwanzigsten Jahrhunderts geboren ist! Gooott, nein, des neunzehnten natürlich . . .«

»Größe?«

»Karlemanns? Er hat volles Gardemaß, sagt er.«

»Können Sie das in Zentimetern angeben?«

»Ja, er ist . . . eine Sekunde. Er kann die Bücher auf dem obersten Brett des Regals in der Bibliothek erreichen. Kann ich eben hinlaufen und ausmessen, wie hoch das ist? Einen Augenblick!«

»So, jetzt bin ich wieder da! Er ist 232 Zentimeter groß, wenn er auf den Zehenspitzen steht und den Arm so hoch streckt, wie er kann.«

»Augenfarbe?«

»Blau! Ja, also nicht gerade irrsinnig blau, vielleicht so etwas – nein, du liebe Zeit – Sie glauben doch nicht etwa, daß ich mich nicht daran erinnern kann? Ich sagte doch grau, nicht? Fast mausgrau. Mehr ein Mittelding von Blaugrau . . . und Graublau . . . glaub' ich. Ist es notwendig, ausgerechnet die Augenfarbe zu wissen? Ist es nicht genug, wenn ich Ihnen zum Beispiel die Anzahl der Haare angebe?«

»Haarfarbe?«

»Nein, jetzt fragen Sie mehr, als zehn Weise beantworten können! Man merkt sich doch nicht alle Einzelheiten bei einem Mann . . . und erst recht nicht bei einem, mit dem man so viele Jahre verheiratet ist! Im übrigen ist er dunkelblond. Natürlich nicht wahnsinnig dunkelblond . . .«

»Besondere Kennzeichen?«

»Ansatz zu Doppelkinn und etwas zuviel Bauch.«

»Ich meine . . . Narben oder Muttermale?«

»Aha! Nein, hören Sie . . . glauben Sie wirklich, Karlemann würde sich für mich duellieren?!«

»Womit war er beim Weggehen bekleidet?«

»Ich wußte, Sie würden danach fragen! Jetzt hören Sie aber mal, ich kann doch nicht alles wissen! Ich plauderte gerade mit ein paar Freundinnen, und dann rief ich: ›Du denkst daran, mit Sirra rauszugehen, nicht, Karlemann?‹ Mir ist wirklich nicht aufgefallen,

Mama, komm mal her und guck! Dingo war zum Frisör!

Und jetzt Fressen, Dingo!

ob er . . . doch warten Sie! Er trug seinen neuen kamelfarbenen Dufflecoat und zwei große, helle Schweinslederkoffer. Ja, davon schwebt mir etwas vor – daß ich ein paar Koffer gesehen habe. Ich begreife bloß nicht, was er mit den Koffern wollte, bloß um einen Spaziergang . . . Jetzt dürfen Sie mich nicht wegen des Dufflecoats festnageln! Bei näherem Nachdenken bin ich nicht sicher, ob er überhaupt einen kamelfarbenen Dufflecoat besitzt . . .«

»Und jetzt wegen des Hundes, den er bei sich hatte, gnädige Frau. Können Sie ihn beschreiben?«

»Meine liebe, geliebte kleine Sirra? Das ist ein reizender Pekinese mit einem kleinen weißen Fleck über dem linken Auge. Sie wiegt fünf Pfund und einhundertundfünfzig Gramm, mißt siebenunddreißig Zentimeter von der Schnauze bis zum Schwanz. Ist schwarz mit Goldbraun, hat dunkelbraune, glänzende Augen. Die Ohrenfransen auf der rechten Seite sind einen halben Zentimeter länger als auf der linken Seite. Wird am 27. November zwei Jahre alt. Besonderes Kennzeichen ist eine ganz kleine Warze auf der linken Vorderpfote. Hatte beim Weggehen ein olivgrünes Alligatorlederhalsband um, mit Silberspange, einer Miniatursilberuhr mit eingravierten Initialen S.B. in Mönchsschrift und eine karmesinrote Seidenschleife. Die Ohren haben Herzform, die Augenschlitze sind schräg und . . . wenn Sie noch fünf bis zehn Minuten Zeit haben, Herr Inspektor, dann werde ich von vorn anfangen und sie ganz genau beschreiben . . .«

Denkst du nie an etwas anderes als an Fressen?

8.

Ob Sie einen rassereinen Hund mit Stammbaum oder eine zufällige Straßenkreuzung besitzen – wichtig ist ein guter Rufname. Namen wie »Mon Ami, Perle, King, Herkules, Amadeus, Whisky, Ikaros« lassen auf Phantasie, Bildung und geistige Spannweite des Hundehalters schließen. Man kennt auch Fälle, wo der wohlüberlegte, genau durchdachte Name eines Hundes für seinen Herrn von außerordentlicher Bedeutung ist . . .

Es war immer schon mein großer Traum gewesen, mir das einzigartige Erlebnis zu gönnen, in Shakespeares Geburtshaus in Stratford on Avon zu stehen. Wenn man selbst schreibt und weiß, wieviel geistige Entfaltung und Gehirnkonzentration dazu gehört, um seiner Mitwelt all das zu geben, was man in sich hat, dann versteht man das Lebenswerk eines Kollegen wie Shakespeares zu würdigen. Als wir deshalb im Sommer in England waren – Marianne und ich –, war der Besuch in Stratford on Avon mein wichtigster Plan. Aber wie es so geht und auch nicht geht, vertrödelten wir die Tage in Kneipen, an Badestränden und Golfbahnen. Zwar spiele ich selbst nicht Golf, aber wir zelteten mehrere Tage auf einem englischen Golfplatz. Und wenn man nach einem guten und reichhaltigen Frühstück auf dem Rücken im Gras liegt und ein kleines Schläfchen macht, dann vergeht die Zeit – man schafft nicht alles Geplante und muß sich so langsam darauf einstellen, nach Hause zu fahren, ohne Shakespeares Geburtshaus gesehen zu haben. Nun, man konnte sich auch mit weniger begnügen.

Als wir eines Tages in einem kleinen Dorf, Appledale, haltgemacht hatten, um etwas Benzin aufzutanken, entdeckte ich an einem bescheidenen alten Fachwerkhaus in typisch englischem Stil ein hübsch lakkiertes Holzschild mit der zierlichen Aufschrift: SHAKESPEARE LIVED HERE!

»Hat Shakespeare wirklich hier gelebt?« fragte ich den Tankwart interessiert.

Entweder müssen wir uns ein neues Hundehaus anschaffen oder einen neuen Hund!

Kannst du dich nicht wie andere Hunde vor den Kamin legen?

»Ja, Sir«, sagte er, »da drüben! Genau da drüben in dem Haus des alten Webster Blackworth. Sie sollten mal rübergehn und das Bett ansehn, in dem Shakespeare geschlafen hat!«

Wir eilten hinüber. *Open daily 10–4, admission 2 sh* stand dort auf einem kleinen Pappschild über der Klingel. Ich klingelte, der alte Webster schlurfte heran und bat uns herein. Es war etwas eng in den kleinen, niedrigen Zimmern mit den bleiverglasten Fenstern.

Wir sahen uns um – schweigend und ergriffen. Schließlich geschieht es nicht jeden Tag, daß man einen Ort betritt, an dem Shakespeare gelebt, gewohnt, geatmet und geschlafen hat. Und wenn man einen so großen Augenblick erlebt, zum ersten Mal, dann stimmt dies andächtig.

»Wo stand sein Bett?« wagte Marianne endlich zu fragen. Der Alte wackelte, auf seinen Stock gestützt, in eine Kammer nebenan. Eng und dunkel war es dort, doch das Bett war tatsächlich da – ein altes Gestell mit primitiv ausgeführter Schmiedeeisenarbeit am Kopfende und mit kleinen, einfachen Porzellanknöpfen an den Bettpfosten. Die Bettdecke war schwer und klumpig mit breitgestreiftem blau-weißem Stoff bezogen, und ein Nachtgeschirr, bemalt mit einem walisischen Blumenmotiv, ragte unter der schmalen Seite des Bettes hervor.

»Hat Shakespeare wirklich in diesem Monstrum geschlafen?« fragte Marianne und erschauerte über den geringen Komfort.

»Viele, viele Male«, nickte der alte Webster und angelte den Nachttopf, mit dem Stock über die rohen Fußbodenbretter schubsend, hervor, wobei er aufrichtig hinzufügte: »Man weiß nicht, ob er überhaupt für seine eigentlichen Zwecke benutzt worden ist. Er stand aber in jedem Fall hier, als ich 1912 das Haus übernahm. Und es kann sehr wohl sein, daß Shakespeare . . .«

»Phantastisch!« unterbrach ich. »Phantastisch, vor einem Bett zu stehen, in dem Shakespeare geschlafen hat.«

»Ja«, gab der Alte zu, »das sollte die 2 Schillinge reichlich wert sein.«

Ich faßte die Bemerkung als eine ebenso diskrete wie geschickte Mahnung auf, daß wir den Eintrittspreis noch nicht beglichen hatten, als wir über die Türschwelle getreten waren, und ich drückte dem Alten 4 Schillinge in die Hand.

»Hier drinnen«, sagte er und schlurfte in eine kleine alte Küche mit Steinfußboden und gekachelten Wänden, »hier drinnen hat Shakespeare seine bescheidenen, anspruchslosen Mahlzeiten eingenommen.«

»Stell dir vor!« sagte Marianne.

»Phantastisch!« sagte ich.

Der alte Webster fummelte ein bißchen an einem Kühlschrank herum, der in eine Ecke neben den Herd geschoben worden war.

»Den Kühlschrank habe ich selbst angeschafft«, sagte er, »der stand nicht hier, als ich 1912 nach der alten Witwe Ernie Peacock das Haus übernahm.«

Er faßte nach einer alten, angeschlagenen Tonschüssel. »Aber die Schüssel hier«, sagte er und setzte sie vorsichtig auf den recht schmuddeligen Küchentisch, »aus der Schüssel hier hat Shakespeare unzählige Male gegessen.«

Reg dich ab, du Blödmann. Ich hab doch gesagt, daß das keine Katze ist . . .

Zu Hause würde ihm niemals einfallen, ein Singapur-Kalbsfilet mit Currysauce und glacierten Zwiebeln anzurühren!

Wir betrachteten stumm die abgeschlagene einfache Tonschüssel, deren Rand verriet, daß sie früher einmal blau glasiert gewesen war. Der alte Webster verfolgte mit seinen kleinen, tiefliegenden Augen gespannt unsere Reaktionen.

»Stell dir vor, daß er aus so einer Schüssel gegessen hat«, sagte Marianne.

»Ohne Messer und Gabel«, sagte der alte Webster wissend.

»Phantastisch!« sagte ich.

Der alte Webster schob uns einen großen Tonkrug zu.

»Und daraus hat er getrunken«, fuhr er fort.

Der Henkel war leider abgegangen, man konnte jedoch noch immer deutlich sehen, wo er gesessen hatte.

Wir sahen uns nach interessanten Dingen um.

»Durch die Tür da ist er viele, viele Male aus und ein gegangen.« Eine alte geteilte Tür mit Klinke.

Wir gingen zurück zur Stube.

Über die Armlehnen eines alten englischen Schaukelstuhls war ein dünnes Stückchen Schnur gespannt, so daß Besucher nicht versehentlich gerade auf dem Stuhl Platz nehmen sollten, in dem Shakespeare gesessen hatte. Mir kam eine Idee.

»Darf ich mal darauf sitzen?« fragte ich eifrig.

Der Alte sah mich sprachlos an. Es hatte offenbar niemand vorher gegeben, der sich erdreistet hätte, so etwas zu fragen. Ich malte mir aus, wie wunderbar es wäre, zu Hause erzählen zu können, daß ich in ebendemselben Stuhl wie Shakespeare gesessen hätte.

Ich drückte dem Alten daher eine Pfundnote in die

Hand. Das half. Er löste die Schnur, und ich setzte mich und schaukelte etwas vor und zurück.

»Herrlich!« rief Marianne ergriffen.

Wahrhaftig! Shakespeares Haus in Appledale, Hertsfordshire, war ein Erlebnis.

Leider entdeckte ich, als wir die Stadt verlassen wollten, daß ich meinen Hut auf dem Küchentisch liegengelassen hatte und wir deswegen umkehren mußten. Keine Antwort, als ich klingelte. Ich ging nach hinten, um nach dem alten Webster zu suchen. Er ging gerade schwankend mit der angeschlagenen Tonschüssel auf ein Hundehaus zu, aus dem ihm ein alter, steifbeiniger irischer Setter entgegenkam.

»Shakespeare«, rief er, »Fressen!«

Selbstverständlich weiß ich, daß Hunde nicht mitgenommen werden dürfen. Können Sie irgendwo einen Hund sehen?

Ich trainiere ihn bloß . . . falls er einmal mit zur Raumfahrt soll!

9.

Im allgemeinen führt ein Haushund heutzutage ein geregeltes, beschütztes Leben daheim. Will man die stereotype Reaktionsweise des Hundes genauer beobachten, braucht man nur sein Verhalten im Straßenverkehr zu beobachten. Dort sieht er sich ständig Konfliktsituationen gegenüber und muß zu vielen neuen Problemen Stellung nehmen. Je nachdem, um was für einen Hund es sich handelt, lassen sich hier bestimmte typische Verhaltensweisen unterscheiden . . .

Wenn nicht mein Freund, der Polizist, zufällig als Passagier mit im Wagen gewesen wäre, hätte ich es mir wohl überlegt, die folgende Episode zu schildern. Aber er war dabei, und Sie sollen daher die Geschichte hören – genauso wie ich sie erlebte, so unglaublich sie auch klingen mag. Ich gebe sie ohne jeden Skrupel wieder, im vollen Vertrauen darauf, daß deren Wahrheitsgehalt zu jeder Zeit von einer auch außerhalb des Dienstes voll vertrauenswürdigen Person bezeugt werden kann.

Wir fuhren über die Bundesstraße, mein Freund, der Polizist, und ich, als wir ein kleines graues Auto sahen, das vor einem Stopschild stand und plötzlich mit einem Känguruhsprung auf die Fahrbahn setzte. Ich mußte hart auf die Bremse treten, um eine Kollision zu vermeiden. Der kleine graue Wagen schlingerte hinüber zur linken Fahrbahn, schwenkte mit weiten Känguruhsprüngen nach rechts ganz dicht an den Grünstreifen heran, fing sich, beschleunigte und verschwand.

»Ihm nach!« rief mein Freund, der Polizist. Er runzelte unheilverkündend die Stirn, wie Leute von der Polizei dies gewöhnlich tun, wenn sie plötzlich mit einem Sachverhalt konfrontiert werden, der in offensichtlichem Widerspruch zum Buchstaben des Gesetzes steht.

»Eine verteufelte Art, auf eine Hauptstraße zu fahren!« brummte er, während ich Gas gab und den kleinen grauen Wagen mit dem eingebauten Kängu-

Diesmal hast du recht . . . das Spielauto der Kinder gehört da nicht hin!

He, he, du! Ich werd' schon selbst das Tempo bestimmen! Pfote runter vom Gaspedal!

ruh-Gang einzuholen versuchte. Als wir auf einer Höhe mit ihm waren, gab sich mein Freund, der Polizist, einen Ruck.

»Was – um Himmels willen?!« rief er und riß vor Verwunderung die Augen auf . . . und das nicht ohne Grund!

Am Steuer des kleinen grauen Autos saß ein großer, kurzhaariger, ohrengekappter dänischer Hund, eine sogenannte Dänische Dogge. Er saß mit beiden Pfoten am Steuer und starrte vor sich hin, während er mit den beiden linken Rädern auf dem Mittelstreifen fuhr, anstatt rechts davon.

Mein Freund, der Polizist, lehnte sich hinaus und stellte zu seiner grenzenlosen Verblüffung fest, daß der kleine graue Wagen – abgesehen vom Hund – leer war. »Das ist unmöglich«, murmelte er, »das ist ganz einfach unmöglich!«

»Ein Hund am Steuer . . . eine große Dänische Dogge am Steuer«, wiederholte ich fassungslos und kaute auf meinem Zigarrenstummel herum. »Ja, du hast recht! Das ist unmöglich. Das kann einfach nicht wahr sein. Das muß ein Trick sein. Vermutlich liegt ein Mann auf dem Rücksitz und dirigiert den Wagen mit irgendeinem versteckten Mechanismus!«

»Der Rücksitz ist so leer wie ein Schwalbennest am Nordpol!«

Ich fuhr etwas langsamer und hinter das kleine Auto. Nach ein paar Minuten Fahrt benutzte der Hund das Blinklicht, um anzuzeigen, daß er nach links abbiegen wollte – worauf er bei der nächsten Seitenstraße nach rechts abbog! Ich mußte voll bremsen, um nicht seine Stoßstange einzubeulen.

»Idiot!« zischte ich gereizt, »dummer Köter!«

Der Hund drehte sich um und nickte mir gleichsam lächelnd zu. Dann erhöhte er sein Tempo, wechselte mit einem mißtönenden Laut den Gang und zog auf die Mitte der Fahrbahn.

Mein Freund, der Polizist, schüttelte mißbilligend den Kopf.

Als wir etwas später in die Stadt fuhren, stoppte der kleine graue Wagen plötzlich vor einer Kreuzung, obwohl die Ampel Grün zeigte. Ich betätigte ungeduldig die Hupe, aber das kleine graue Auto blieb unangefochten stehen. Erst als die Ampel auf Gelb wechselte, setzte er mit einer Serie von Känguruhsprüngen über die Fahrbahn und brachte sich in Sicherheit.

»Mir schwant nichts Gutes bei diesem Hund«, murmelte mein Freund, der Polizist, »mir schwant Unheil!«

Etwas weiter vorn hielt der kleine graue Wagen an einem Fußgängerüberweg, als ein älterer Herr Anstalten machte, die Straße zu betreten. Der ältere Herr wartete. Der Hund gab ihm ein Zeichen, und der ältere Herr trippelte auf den Fußgängerüberweg . . . Da plötzlich machte der kleine graue Wagen einen Satz, flog nach vorn und hätte fast den älteren Herrn niedergewalzt – hätte dieser sich nicht mit einem Sprung gerettet.

»Wie gesagt«, murmelte mein Freund, der Polizist, »ich ahnte Böses mit diesem Hund! Und seine Reaktion beim Fußgängerüberweg hat mir das jetzt bestätigt!« Er nickte mit Polizisten-Kennermiene.

Wieder machte der kleine graue Wagen eines seiner unerwarteten Manöver . . . der Hund lenkte ihn mit-

*Er soll gestaubsaugt, gewaschen, gespült,
getrocknet und aufpoliert werden . . .*

Das ist das dritte Mal, daß er genau da, wo ich meinen Kleinwagen geparkt habe, nach vergrabenen Knochen sucht.

ten auf die Fahrbahn, um einem Vierbeiner auf dem Fußweg – offenbar einem Bekannten – mit der Pfote zuwinken zu können. Dann zeigte sein Blinker nach rechts, dann, ohne abzubiegen, nach links . . . und in einer Villenstraße fuhr das Auto nach rechts ab. Ein Stückchen weiter verlangsamte er das Tempo vor einer größeren Ziegelsteinvilla, und, ohne zu blinken, bog er auf den Fußweg und in eine Garage ein. Der Hund mußte es drei- bis viermal versuchen, bevor es ihm gelang, den Wagen hineinzubekommen. Das eine Schutzblech bekam dabei eine Beule.

Mein Freund, der Polizist, sprang schnell heraus. Er beeilte sich, in die Garage zu kommen, und riß die Tür des kleinen Autos auf.

Einen Augenblick später kam er zurück zur Straße, wo ich in meinem Wagen auf ihn wartete.

»Dacht' ich's mir doch«, sagte er triumphierend, »es ist eine Hündin!«

Ob man den Hund nun leiden kann oder nicht – er versteht es, die Familie auszuführen!

10.

Besonders bei der Entenjagd ist es wichtig, daß ein perfekter Jagdhund den Jäger begleitet. Nur schlampige Hobbyjäger lassen angeschossenes Wild einfach liegen. Bevor sich der Jäger einen apportierenden Jagdhund anschafft, muß er genau überprüfen, ob der Hund die erforderlichen Disziplinen perfekt beherrscht – wie ihm der Verkäufer fest versicherte – und keine verdeckten Mängel vorliegen . . .

Nach meiner unmaßgeblichen Meinung verhält es sich mit Jagdgeschichten genauso wie mit denen der Angler und sogenanntem Seemannsgarn . . . sie riechen im allerhöchsten Grad alle verdächtig nach Unwahrheit. Stümperhafte Jäger, die nie einen Vogel oder Hasen in die Tasche bekommen, spinnen, prahlen und versuchen verzweifelt, sich besser zu machen, als sie sind.

Im Laufe der Jahre habe ich selbst so viele Jagdgeschichten erlebt, daß ich die Zeit für gekommen halte, eine davon zu erzählen – doch wohlgemerkt eine, die mir wirklich passiert ist und in allen Einzelheiten stimmt.

Es fing damit an, daß wir von einem Bekannten, der eifriger Jäger war, ein paar Moorenten geschenkt bekamen. Als Marianne sie mit braunen Kartoffeln, Waldorfsalat und allen Finessen zubereitet und serviert hatte, bekam ich eine tolle Idee.

»Weißt du was«, sagte ich und langte nach der Schüssel mit dem Johannisbeergelee, »das schmeckt gar nicht so übel. Man sollte eigentlich selbst ein paar Enten schießen.«

Den Rest des Tages ließ mich der Gedanke daran nicht los, und am nächsten Vormittag wagte ich mich in ein Jagdausrüstungsgeschäft.

»Ich hätte gern etwas, womit man schießen kann«, sagte ich.

»Treibjagd? Stöberjagd? Pirschjagd? Moor- oder Strandjagd? Teckel- oder Hasenjagd? Damwild oder

Geplant war, daß wir auf Waldtaubenjagd wollten . . . und nicht auf Knochenjagd!

Komm jetzt wieder rein, Dingo . . . Jetzt hast du genug Luft geschnappt!

Federwild?« kam es ebenso schnell wie professionell vom Verkäufer.

»Moorenten«, klärte ich ihn auf.

»Federwild also«, sagte der Mann hinter dem Ladentisch, »dann brauchen Sie eine doppelläufige Schrotflinte mit Ejektor, Seitenschloß und doppelter Sicherung.«

Ich bekam eine doppelläufige Schrotflinte sowie eine Jagdtasche.

»Ich brauch' wohl auch etwas Schießpulver?« erkundige ich mich.

»Schießpulver?« fragte der Mann.

»Ja, etwas, um sie abzuknallen.«

Ich bekam eine Schachtel 65-mm-Hagelpatronen mit 2 1/2 mm kräftigem Schrot. Die wären ausgezeichnet, meinte der Mann hinter dem Ladentisch.

»Man sollte vielleicht auch eine Feder am Hut haben«, sagte ich vorsichtig.

»Unbedingt, ja. Fasan, Schnepfe oder Wachholderdrossel?«

»Schnepfe«, antwortete ich. Und ich bekam die schöne dunkelbraune Doppelfeder einer Schnepfe hinter das Hutband gesteckt, so daß jeder mich als Jäger erkennen konnte.

»Und wissen Sie, was Sie noch brauchen?« fuhr der Mann hinter dem Ladentisch fort. »Sie müssen einen Jagdhund haben.«

»Einen Jagdhund?« fragte ich.

»Ja, ich habe gerade einen jungen, kurzhaarigen Hühnerhund für einen angemessenen Preis zu verkaufen. Sie bekommen keinen besseren Jagdhund für Enten und ziehendes Federwild. Er bezieht vor

Vögeln feste Stellung, ist ruhig beim Schuß und apportiert genausogut vom Land wie vom Wasser. Außerdem ist er gut bei Haarwild und besonders scharf gegenüber Raubwild. Das ist genau der Hund, den Sie brauchen. Sie können ihn für nur 250 Mark haben. Das ist fast geschenkt.«

Also kaufte ich ihn. Diana hieß die Hündin, und nachdem ich noch einen Jagdschein erworben hatte, zog ich los, um Moorenten zu schießen. Ich lag lange in einem Moor auf der Lauer, einer Stelle südlich von der Gegend, wo ich ein Jagdrevier bekommen hatte. Endlich tauchte ein Zug Krickenten auf. Ich entsicherte das Schießeisen, legte es fest an die Schulter und feuerte ein paar Schuß hinauf in den Schwarm. Mit einem Klatschen fiel eine Ente mitten ins Moor.

»Apport!« befahl ich Diana, die, mit dem Schwanz wedelnd, von Land aus an der Wasseroberfläche schnüffelte. Dann streckte sie eine Pfote aus und tauchte sie ins Wasser, um zu fühlen, ob es nicht kalt war, schüttelte sich und begab sich zu der Stelle, wo die Ente lag. Ich zuckte zusammen. Zu meiner grenzenlosen Verblüffung ging Diana auf dem Wasser, ohne einzusinken. Ohne einzusinken!

»Das ist doch zum . . .«, murmelte ich in tiefer Verwunderung und sperrte die Augen auf. Na, Diana holte den Vogel und drehte die Schnauze wieder einwärts. Den ganzen Weg spazierte sie vergnügt auf dem Wasser. Ich nahm die Krickente aus ihrem Maul, stopfte den Vogel in meine Tasche und befühlte dann Dianas Bein und Bauch. Nur ihre Pfoten waren naß. Prüfend stöberte ich mit dem Gewehr etwas im Wasser herum, um zu sehen, ob Eis darauf war. Das war

Geh einfach wuiter! Ich hab' alles unter Kontrolle!

Komm jetzt, du Bangebüx. Es ist überhaupt nicht kalt!

selbstverständlich nicht der Fall, wir hatten erst Mitte September.

Irgendwie fühlte ich mich nicht ganz wohl in der Situation. Ich hängte schnell meine Jagdtasche um, warf die Flinte über die Schulter und ging mit meiner Krickente nach Hause.

»Na«, sagte Herr Klein, mein Nachbar, der draußen im Garten mit irgendwas herumhantierte. »Sie sind wohl beim Bundesgrenzschutz gelandet! Schießeisen und alles, was dazugehört!«

»Bundesgrenzschutz!?« schnaubte ich und zog triumphierend die Krickente aus der Tasche.

»Ach so«, sagte er, »Sonderangebot von der Geflügelhandlung?«

Ich ging hinein und warf die Krickente auf den Küchentisch. Nachdem Marianne sie mit braunen Kartoffeln, Sauerkraut und allem Drum und Dran zubereitet hatte, wollte sie voller Spannung hören, wie der Tag verlaufen war.

»Hast du gar nichts Spannendes unten im Moor erlebt?« fragte sie.

»Nee«, erwiderte ich und löste mit dem Messer etwas Brust vom Vogel. Im Geist sah ich Diana die Pfote ins Wasser stecken, um zu fühlen, ob es auch nicht zu kalt war, und danach hinausspazieren und die Krickente holen.

Hinausspazieren und sie holen! Und dort draußen war das Wasser 10 bis 20 Ellen tief.

Ein Schrecken glitt über mein Gesicht, als ich die Szene wieder vor mir sah.

»Wie ging es mit dem Hund? War er genauso gut im Abortieren, wie der Mann behauptete?«

»Apportieren«, korrigierte ich. Was anderes sagte ich nicht. Ich hätte gut den Unterschied zwischen den beiden Bedeutungen klarzulegen vermocht, so daß selbst Marianne das hätte begreifen können, aber ich war nicht in Stimmung. Meine Gedanken weilten die ganze Zeit über bei dem seltsamen kurzhaarigen Hühnerhund, Diana, und dessen noch seltsameren Verhalten unten im Moor.

Am nächsten Tag ging ich wieder auf Entenjagd.

Nach ein paar Stunden geduldigen Wartens konnte ich endlich eine Krickente abschießen. Mit einem Klatschen fiel sie mitten ins Moor.

»Apport!« rief ich, und die Vorstellung des vergangenen Tages wiederholte sich. Diana tauchte die Pfote ins Wasser, schüttelte sich und ging zur Ente. Ich verfolgte aufmerksam jeden ihrer Schritte. Es war kein Zweifel möglich, sie ging wirklich auf dem Wasser, ohne auch nur einen Millimeter einzusinken. Als sie ein paar Minuten später wedelnd mit der Ente vor mir stand – die Ente war vom Schrot so durchlöchert, daß sie fast, wie es in der Fachsprache heißt, zur Suppe geschossen war –, fühlte ich unter ihren Bauch, um festzustellen, ob er naß war. Er war es nicht. Ich warf die Flinte über die Schulter und eilte heimwärts, indem ich mir selbst gelobte, niemals mehr mit einem Hund auf die Jagd zu gehen, weder stehend noch liegend, apportierend oder galoppierend, überhaupt nicht mehr mit irgendeiner Art von Hund.

Als ich in die Stadt kam, fuhr ich direkt hinüber zum Jagdausrüstungsgeschäft, wo ich Diana gekauft hatte.

»Hören Sie«, sagte ich giftig und hielt den Blick des

Inhabers fest, »wofür halten Sie mich eigentlich? Ich habe vor kurzem einen kurzhaarigen Hühnerhund hier gekauft und bin schändlich betrogen worden.«

»So?«

»Ich verlange, daß der Handel rückgängig gemacht wird. Ich will das Tier nicht einen Tag länger besitzen.«

»Ja – aber. Was ist denn mit dem Hund nicht in Ordnung?«

»Was nicht in Ordnung ist?« fuhr ich ihn gereizt an und fühlte, daß ich rot vor Ärger wurde.

»Ist es etwa in Ordnung, daß er auf dem Wasser geht? Für zweihundertfünfzig Mark kann man wohl mindestens verlangen, einen Köter zu bekommen, der nicht wasserscheu ist!«

Ja, so . . . schön hinlegen . . . anstatt jeden Abend auf der Straße rumzustrolchen.

11.

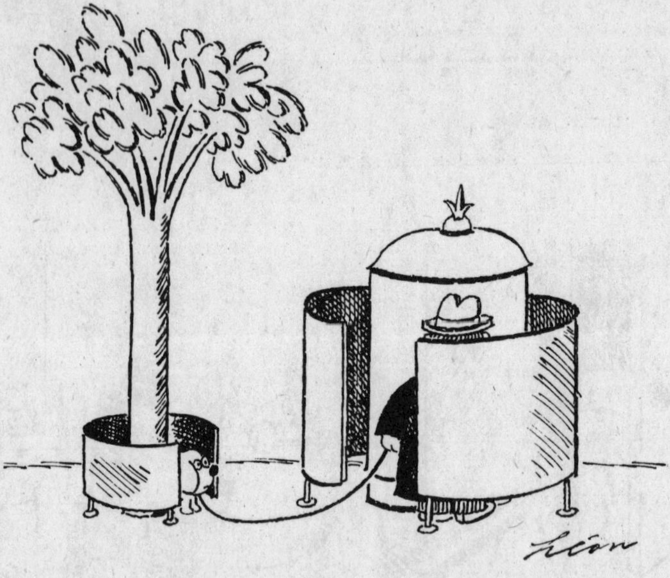

Das Problem »Hund oder nicht Hund« hat in vielen Familien Anlaß zu schweren Konfliktsituationen gegeben. Fehlt einem das biologische Verständnis, dann lehnt man es ab, sich gefühlsmäßig an seinen Hund zu binden. Hat man ihn aus einer Modelaune heraus angeschafft oder einfach, weil man dazu gezwungen wurde, ja, dann sollte man das Tier bei der ersten besten Gelegenheit abschaffen, ganz gleich, ob die Bedingungen für den Verkauf mehr oder weniger akzeptabel erscheinen . . .

Natürlich haben Hunde gewisse geringfügige Nachteile – sie haaren, sie riechen nach Hund (einige zögen es vielleicht vor, sie würden nach Katze oder nach Chanel Nr. 5 riechen), sie sind zwar in den meisten Fällen stubenrein, aber niemals straßenrein. Sie beanspruchen den besten Sessel des Hauses mit einer Selbstverständlichkeit, als hätten sie ihn selbst gekauft, bezahlt und bezogen. Sie erbetteln das größte Stück des saftigen Steaks, so daß man selbst halb hungrig vom Tisch gehen muß. Sie verlangen, gerade dann rausgelassen zu werden, wenn man sich eben aufs Sofa gelegt hat, um vor Beginn des Fernsehprogramms noch ein kleines Nickerchen zu machen. Sie kläffen, schlagen an und wecken das ganze Haus, wenn man an einem Abend etwas spät vom Skat nach Hause kommt oder von einer Vorstandssitzung des Kegelklubs auf Strümpfen die Treppe hochschleicht. Und sie haben immer einen Knochen, der genau auf dem Stückchen Erde vergraben werden soll, wo man soeben Radieschen gesät hat.

Es ist möglich, daß Krumsberg es verkehrt auffaßte, aber für ihn waren Hunde allenfalls im Zeichentrickfilm zu ertragen. Er gehörte daher eindeutig nicht zu dem privilegierten Teil der Menschheit, der einem großen, bissigen, irischen Wolfshund bloß in die Augen zu sehen braucht, worauf der Hund mit dem Schwanz wedelnd bereit ist, das ganze Gesicht des Betreffenden abzulecken, als sei es ein Klumpen Bienenhonig. Krumsberg war bei Hunden höchst unbe-

VORSICHT,
FREUND-
LICHER
HUND

Um Himmels willen, Marianne! Sieh zu, daß du hochkommst und etwas Make-up ins Gesicht schmierst!

liebt, was ihn übrigens kalt ließ. Zwischen Krumsberg und den Hunden waren die Grenzen so scharf gezogen, daß er, sollte er je von einem wütenden Hund gebissen werden, keine Sekunde zögern würde zurückzubeißen.

Verständlich, daß er zusammenzuckte, als Irmelin, seine Frau, eines Abends in einem Tonfall, der verdächtig zufällig klang, erwähnte, daß der Zwergpinscher ihrer Kusine vier Junge bekommen habe.

»Sie haben sie doch wohl getötet?« erkundigte er sich schnell.

»Natürlich nicht. Sie wollen den einen aber gerne verkaufen.«

»So – und?«

»Ich denke, wir sollten einen kaufen. Ich versichere dir, Anton, die sind ja so entzückend . . .«

Krumsberg bezog unverzüglich Stellung – er wußte, hier galt es, schnell zu handeln. Bevor sich Madame in der Sache warmreden konnte.

»Niemals!« schrie er hysterisch und hämmerte mit der Faust auf den Tisch. *»In mein Haus kommt kein Hund!«*

»Nicht?«

Dieses kleine, friedlich fragende *nicht* irritierte ihn so sehr, daß er noch einmal mit der Faust hart auf den Tisch schlug, wobei er seinen Kopf rot werden fühlte.

»Es werden in jedem Fall zwei sein, die darüber bestimmen!« brüllte er unbeherrscht.

»Ja«, nickte Irmelin, *»genau!«*

Am nächsten Vormittag kam die Kusine mit dem jungen Hund, und Krumsberg schüttelte widerstrebend die letzten beiden Fünfziger aus der Brieftasche . . . die hundert Mark, für die er neues Werkzeug für den Hobbykeller hatte anschaffen wollen. Irmelin befahl ihm sogleich, ein Schild für den Garten zu malen. *Vorsicht Hund!* sollte darauf stehen.

»Na«, sagte sein Nachbar interessiert, als er das Schild später neben der Gartentür aufstellte, »Sie haben wohl einen Hund bekommen?«

Er hatte selbst einen kleinen, dummen weißen Westhighland-Terrier, der eher einer Kreuzung zwischen einem abgenutzten Feudel und einem struppigen Weihnachtsmannbart ähnelte. Er war zwar strohdumm, aber gelehrig. Der Nachbar hatte ihm zum Beispiel beigebracht, niemals das Bein an der eigenen Gartentür zu heben, sondern immer an Krumsbergs! Krumsberg hatte mehrere Male überlegt, ob er sich einen alten, giftigen Kater anschaffen sollte, um ihn auf den Weihnachtsmannbart zu hetzen. Er hatte diesen Plan jedoch aufgegeben, weil er kein Tier kannte, daß man sich dann später anschaffen konnte, um den Kater aus dem Distrikt zu verscheuchen!

»Ja«, sagte er und wandte halb dem Nachbar den Rücken zu.

»Beißt der?«

Wenn er es bloß getan hätte . . . dann hätte er ihn in die Beine beißen können. Oder noch besser, dann hätte er seinem dumm kläffenden und ewig beinhebenden, herumwandelnden Weihnachtsmannbart einen ordentlichen Schreck einjagen können.

»Nein«, sagte er, »es ist ein Zwergpinscher.«

»Ja, warum schreiben Sie dann VORSICHT HUND?«

Krumsberg warf ihm einen giftigen Blick zu.

Sie hielten Hochzeit und bekamen eine Menge Junge – und wenn sie nicht gestorben sind, dann leben sie noch heute

Herzlichen Glückwunsch von uns allen . . .

»Das ist die Idee meiner Frau«, brummte er, »sie hat Angst, daß man auf ihn tritt!«

Irmelin brachte ihn dazu, einen Hundekorb zu flechten, und sie brachte ihn ebenfalls dazu, ein Hundehaus zu bauen. Nach wenigen Monaten hatte der kleine Satan – nein, was schreibe ich da, Verzeihung, Verzeihung, verehrte Hundefreunde – nach einigen wenigen Monaten hatte der kleine Kerl seine Herrschaft dressiert, dem leisesten Wink von ihm zu gehorchen. WUFF – und Krumsberg sauste hin und öffnete die Tür . . . WUFF, WUFF – und er gab ihm Frikadellen und benügte sich selbst mit etwas Soße und Kartoffeln . . . WUFF, WUFF, WUFF – und er stand mitten in der Nacht auf und ließ ihn nach draußen . . . WUFF, WUFF, WUFF, WUFF – und er stand auf und ließ ihn herein. Auf dem Sofa konnte man nicht mehr liegen. Jedesmal, wenn er am Einschlummern war, hopste der Köter – hopste der junge Hund auf seinen Bauch, leckte sein Gesicht. Versuchte Krumsberg, ihn nicht zu beachten, kläffte er los, biß ihn ins Ohr und wollte rund um den Eßtisch Fangen spielen. Der einzige Platz, wo man etwas Ruhe bekommen konnte, war das Hundehaus. Krumsberg vergrößerte es, baute es etwas höher und legte eine alte Seegrasmatratze hinein – und es war brauchbar fürs Mittagsschläfchen. Natürlich sah das für die Nachbarn verrückt aus, daß man dalag, jeden Tag hinein- und wieder herauskrabbelte, aber andererseits – was sollte man tun?

Dann eines Sonntags, als Frauchen ihn auf die schmalen Villenwege hinausgeschickt hatte, um die Töle auszuführen, traf er einen alten Bekannten.

»Was für einen schönen kleinen Hund Sie bekommen haben!« sagte er.

»Finden Sie?« fragte Krumsberg.

»Verkaufen Sie ihn?« fragte der Mann, bückte sich und streichelte das Tier. »Ich hab mir schon lange so einen gewünscht. Für die Kinder. Ich geb' Ihnen fünfzig Mark.«

»Den verkaufen?« murmelte Krumsberg. »Sie spinnen wohl! Er ist das ganze Glück meiner Frau. Wenn ich ihn verkaufe, bringt sie sich um.«

Bei den letzten Worten zuckte er zusammen. Da war natürlich etwas dran.

»Hier«, sagte er, »der Hund gehört Ihnen!«

12.

Dressierte Hunde, wie sie im Zirkus und in Varietéprogrammen auftreten, sollten nicht zur Nachahmung verleiten. Ein tüchtiger Dressurleiter kann dem Hund gewisse Reflexe aufzwingen und mit ihm Kunststücke einüben, die naturwidrig erscheinen. Im großen und ganzen halte ich die kommerzielle Dressur für eine bedenkliche Angelegenheit. Oft verwendet man dabei durchschaubare Tricks – nicht zu verwechseln mit der anerkannten Erziehung von Haushunden zum täglichen Gebrauch . . .

Ein Ausdruck von Abscheu glitt über die harten Züge des bekannten Artistenagenten Max Tarruzzi, als die Tür zu seinem Büro aufging und eine kleine, unbedeutend aussehende Mannsperson mit einem Hund eintrat.

»Hundedressur ist uninteressant«, fertigte Tarruzzi ihn kurz ab. »Die Zeit für Nummern mit sprechenden Hunden ist vorbei . . .«

»Aber Signor Tarruzzi, Augenblick bitte! Das nicht sein sprechendes Hund, naain! Das sein . . .«

»Tanzende Hunde haben auch keine Zukunft mehr. Es ist längst vorbei mit solchen Nummern im Showbusiness.«

»Oh, Signor Tarruzzi, das auk nich sein tanzende Hund, naain!«

»Dann kann er auf dem Seil gehen oder durch einen Feuerreifen springen. Hundenummern taugen nicht. Die Leute wollen das nicht mehr. Auf Wiedersehen! Und kommen Sie wieder, wenn Sie etwas Besseres anzubieten haben!«

Der kleine Mann blieb jedoch beharrlich stehen.

»Aber Signor Tarruzzi, Whisky sein gigantisch, grooße Nummer! Weltnummer, ja! Big sensation! Ich sein Zaraboni. Guten Taag, guten Taag! Ich arbeiten mit Nummer mit Hund drei Jahr, drei Jahren, ja. Jetzt Whisky sein sehr big sensation. Sehr big, Signor Tarruzzi. Kolossaaal!«

Tarruzzi klopfte die Asche seiner Zigarre ab, klemmte seine Daumen hinter die schmalen roten

MIAU

Ich geh jetzt in die Loge. Hat jemand meinen Zylinder gesehen?

Hosenträger und warf einen nicht allzu freundlichen Blick auf den Hund – einen nicht sonderlich gepflegten kurzhaarigen, rostbraunen deutschen Rottweiler.

»All right«, sagte er ergeben, »lassen Sie mich hören, was er kann. Aber fassen Sie sich kurz. Meine Zeit ist knapp.«

»Whisky spielen Mozart! Wunderschön Serenata auf Violin! Seine Kleine Nachtmusik, ja! Sehr gut!«

Tarruzzi winkte mit der Hand ab.

»Klassische Musik taugt nicht für eine Varietébühne oder eine Zirkusmanege«, wandte er ein. »Das Publikum will Pop haben, lärmende Stacheldrahtmusik und solche Dinge. Doch nicht so ein stinklangweiliges Violinsolo, du liebe Zeit!«

»Nich sagen das! Nich sagen das, Signor Tarruzzi! Erst Sie hören Whisky spielen wunderschön Mozart! Er spielen den Kleine Nachtmusik, so die Publikum schmelzen weg! Ganz weg, ja! Nun, hören Sie!«

Der kleine Artist stellte schnell ein Notenstativ auf, packte die Violine aus, reichte sie dem Hund und legte die Noten auf das Stativ.

»Please, Whisky, spielen! Ja, meine Damen und Herren, jetzt Sie hören grooße, kollossaale Konzertnummer! Whisky sein einzige Hund in ganze Welt, der spielen Mozart nach Noten. Eine Kleine Nachtmusik . . . sein so gut!«

Der Hund stellte sich auf die Hinterbeine, legte die Violine zurecht, ergriff den Bogen und stellte sich vor das Notenstativ. Indem sein dunkler Blick aufmerksam den Noten folgte, begann er mit der einschmeichelnden Serenade.

Violinvirtuose Jascha Heifetz hätte es nicht besser

machen können. Es klang wundervoll, so schön, daß selbst einem alten, harten Rauhbein wie dem Artistenagenten Max Tarruzzi weich ums Herz wurde. Er nahm sich aber zusammen.

»Halt!« rief er. »In der Nummer wird geschummelt! Kein Hund kann so schön spielen. Das ist ein Trick.«

»Aber nein, Mister Tarruzzi, das überhaupt nicht sein Trick. Kein Trick. Whisky spielen kein Schwindel. Kein Humbug, mit Garantie, Signor Tarruzzi! Ich arbeiten drei Jahr mit Nummer, drei Jahren ich haben gelernt ihn spielen nach Noten. Na? So wir bekommen Engagement, ja?«

»Nur, wenn ihr mir das Geheimnis verratet! Die Nummer ist okay, ich will aber wissen, wie ihr das macht. Ist da etwa ein kleines Tonband in der Violine versteckt?«

Tarruzzi nahm die Violine und sah durch die Schalllöcher in die Violine. Sie war leer.

»Spiel das noch einmal«, bat er. Whisky spielte, während seine großen, gutmütigen Hundeaugen ganz genau den Noten folgten. Es klang, wenn das überhaupt möglich war, noch schöner als das erste Mal.

»Halt!« kommandierte Tarruzzi plötzlich. »Jetzt hab ich's. Es ist ein Plattenspieler im Violinkasten versteckt und . . .«

Er schubste Zaraboni zur Seite, ergriff den Violinkasten und öffnete ihn – er war leer.

»Das ist doch nicht zu glauben! Das ist mir schleierhaft. Ich bin aber doch seit 37 Jahren in der Branche, und ich weiß, es ist Schwindel dabei. Geben Sie das zu?«

»Kein Schwindel, Signor Tarruzzi«, protestierte Zaraboni, »absolut kein Schwindel!«

Whisky mußte die hübsche Serenade noch einmal spielen, während Tarruzzi um ihn herumging und versuchte, den Trick zu durchschauen. Plötzlich gab er ein Begeisterungsheulen von sich.

»Ich hab's«, rief er, »ich wußte, es war Schwindel. Mich könnt ihr nicht veräppeln. Sieh selbst«, er riß das Notenblatt vom Stativ herunter, »das hier ist niemals Mozarts Kleine Nachtmusik! Das ist Beethovens Mondscheinsonate – für Klavier!«

Wuff . . . wuff . . . wuff . . . miauuu!

13.

Wenn ein Mensch tagtäglich mit Hunden zu tun hat, werden die Verhaltensweisen des Hundes bis zu einem gewissen Grad auf ihn abfärben. Der Hundebesitzer oder Hundehüter nimmt unbewußt bestimmte Eigenarten des Hundes an, wie Bewegungen, Laute, Stimmungen. In einzelnen Fällen kann ein Mensch so subtile Details vom Hund übernehmen, daß sein Zustand bedenklich wird . . .

Sein halbes Leben lang hatte Oskar Dobermann nun schon denselben Job, dieselbe verantwortungsvolle Stellung. Er war Hundewärter in einem Zwinger, in dem Rassehunde mit Stammbaum gezüchtet wurden. So etwas prägt natürlich: acht Stunden täglich von kläffenden, zu Gehorsam dressierten Riesenschnauzern umgeben zu sein, Tag für Tag, jahraus, jahrein. Seine Frau Frieda bekam eines Abends ihren ersten Schock, als sie beim Essen saßen. Dobermann, der die schlechte Angewohnheit hatte, beim Essen Hundejournale zu lesen, hatte gedankenlos vier bis fünf kleine Steaks auf seinen Teller manövriert. Frieda fand natürlich, daß das wohl etwas zu happig war, und nahm die Gabel, um ein paar von ihnen zurückzufischen. Im selben Augenblick fuhr Dobermann mit einem giftigen Knurren hoch.

»G-r-r-r-r!« knurrte er aufgebracht seine Frau an.

»Aber Oskar! Wie, um Himmels willen, führst du dich auf? Knurrst du mich an?«

Oskar wurde feuerrot. Dieses G-r-r-r-r war ihm allen Ernstes herausgerutscht. Vielleicht waren es die vielen Überstunden im Zwinger in der letzten Zeit, die ihn etwas überreizt hatten.

Eines Abends, einige Tage später, als er mit ein paar Hundezuchtformularen beschäftigt war, hatte Frieda das Pech, auf sein allerwundestes Hühnerauge zu treten. Mit einem giftigen Knurren sprang er von seinem Stuhl hoch und biß sich in ihrem Arm fest.

»Laß das, Mensch«, schrie sie, »bist du verrückt?«

Kann ich einen Augenblick mit dir sprechen?
Unter vier Augen?

Er weigerte sich aufzuwachen, als wir nach Hause mußten!

Oskar lockerte seinen Biß.

»Hat das weh getan?« fragte er bekümmert und duckte sich beschämt.

»Ob das weh getan hat? Natürlich hat das weh getan . . . aber das ist nicht das schlimmste. Es ist dein ganzes Benehmen, das mich bekümmert. Du solltest besser zu einem Arzt gehen und mit ihm sprechen. Kläffen, knurren, beißen – das muß eine Berufskrankheit sein. Vielleicht kannst du eine Medizin dagegen bekommen?«

Oskar lehnte es ab, zum Arzt zu gehen, obwohl sich sein Zustand von Tag zu Tag verschlechterte. Eines Abends vor dem Zubettgehen, legte er den Hund ins Doppelbett – und ließ sich selbst hinaus, um Gassi zu gehn! Als er zehn Minuten später an der Tür kratzte, um hereingelassen zu werden, und Frieda aufmachte, war er so froh, daß er an ihr hochsprang und dankbar ihr ganzes Gesicht ableckte.

»Nein, du mußt wirklich bald etwas dagegen tun«, sagte Frieda und schubste ihn weg. »Wo bist du gewesen?«

»Ich war bloß draußen und hab' das Bein gehoben«, schoß es aus Oskar heraus. Er hielt sich den Mund zu, aber zu spät – er hatte es gesagt. Frieda sah ihm bekümmert nach, als er nach oben und ins Bett schlich. Die Episode hatte einen so starken Eindruck auf sie gemacht, daß sie ihm am nächsten Morgen aus reiner Zerstreutheit Hundekekse zum Kaffee gab. Er schmatzte sie gierig in sich hinein und schleckte hinterher seinen Teller sauber.

»Nein«, sagte Frieda verzweifelt, »so geht das nicht weiter.«

»Immer mit der Ruhe«, versprach Oskar, »ich geh' heute zum Arzt.«

Dann erhob er sich und holte das Telefonbuch. Frieda wollte schier verzweifeln, als sie sah, daß er unter TIERÄRZTE nachguckte. Sie mußte ihn auf den Fehler aufmerksam machen.

»Na ja, zum Teufel«, murmelte er, wurde feuerrot und ließ die Ohren hängen, »jeder kann sich mal irren.«

Schließlich fanden sie einen Nervenspezialisten, und am nächsten Vormittag gingen sie zu ihm.

»Ja, es handelt sich also um meinen Mann«, sagte Frieda, »er beißt nach mir.«

»Kleine Streitereien kommen in den besten Familien vor«, meinte der Nervenarzt lächelnd.

»Das ist nicht alles«, fuhr Frieda unglücklich fort. »Er kläfft hinter mir her, und er kratzt an der Tür, wenn er draußen war und das Bein . . . draußen war und Gassi gegangen ist. Und wenn wir unseren Abendspaziergang machen, hat er in der letzten Zeit angefangen, so merkwürdig an den Laternenpfählen zu schnüffeln.«

Frieda wandte sich an Oskar.

»Ist das richtig?« fragte sie.

»Wuff!« sagte Oskar und wackelte mit den Ohren. Er hatte natürlich ja sagen wollen, aber ohne darüber nachzudenken, war ihm das kleine Wuff herausgerutscht. Glücklicherweise überhörte es der Arzt.

»Er hat auch angefangen, den Postboten anzuknurren und das Bein an der Hecke des Nachbarn zu heben. Es muß etwas mit ihm nicht in Ordnung sein!«

Du und Dingo, ihr verliert beide gleich viele Haare, Papi!

Er reißt sich los, wenn ich ihn an der Leine führe . . .

»Ja«, erklärte der Arzt, »beispielsweise kann es etwas Nierengries sein, wenn er – wie Sie es treffend nennen – das Bein bei jeder Gelegenheit hebt. Aber jetzt passen Sie auf, gnädige Frau. Wir schicken Ihren Mann einen Monat zur Erholung, und wenn er zurückkommt, kann ich Ihnen garantieren, daß alles wieder so ist, wie es sein soll.«

So fuhr Oskar zur Erholung drei Wochen nach Mallorca. Als sie vergangen waren und er nach Hause kam, war Frieda selbstverständlich gespannt, ob die kurzen Ferien geholfen hatten. Das hatten sie in der Tat. Am Abend lud er sie ins Theater ein, und er schnüffelte kein einziges Mal an den hohen Marmorsäulen im Foyer. Nach der Vorstellung gingen sie auf den Jahrmarkt. Als sie sich etwas umgesehen hatten, hielt Oskar vor einem Automaten an, wo man seine Zukunft erfahren konnte, wenn man seine Hand auf eine geriffelte Glasplatte legte, eine Münze in den Automaten warf und sich ruhig verhielt, bis ein kleiner Zettel herausfiel.

»Ich versuche mal, die Pfote raufzulegen«, sagte Oskar und legte seine Hand auf die Glasplatte. Ein kleiner Zettel fiel heraus. Als er gelesen hatte, was darauf stand, beschloß er, sich einen neuen Job zu suchen, sich für Zeit und Ewigkeit weit weg von Zwingern, Hundezucht und Dressur zu halten – überhaupt von allem, was mit Hunden zu tun hatte. Auf dem Zettel stand:

»Sie können sich über ein langes Leben freuen. Sie sind ehrlich, loyal und treu. Sie lassen nie jemand im Stich, den Sie einmal liebgewonnen haben. Ihre Verhaltensweisen sind einfach und unkompliziert. Sie fühlen sich am wohlsten in Ihrer warmen Ecke drüben beim Kachelofen und lieben es, hinter den Ohren gekrault zu werden. Kurz gesagt: *Sie sind des Menschen bester Freund!«*

14.

Wenn Menschen sich einsam fühlen, schaffen sie sich oft einen Hund an, also ein Haustier, das in besonderem Maße unseren Fürsorge- und Pflegeinstinkt anspricht. Der Hund kann eine bedeutende Rolle in unserem Gefühlsleben spielen, dennoch bleibt es zweifelhaft, ob der Hund ohne weiteres einen anderen Menschen ersetzen, ob er seinen natürlichen Wunsch nach mitmenschlichem Kontakt vollauf befriedigen kann. Vielleicht gehört doch noch mehr dazu . . .

Selbstverständlich soll man nie im Privatleben anderer Leute herumschnüffeln. Da aber das ganze Treppenhaus im Hochhaus – wo sich diese Geschichte abspielte – wußte, daß Berglunds im Parterre unglücklich zusammenlebten, kann wohl nichts Schlechtes dabei sein, wenn wir sie weitererzählen. Wir werden darauf verzichten, Partei zu ergreifen. Gewöhnlich liegen die Fehler auf beiden Seiten. Nur so viel steht fest, daß es dem Rosenthal-Porzellan schlecht erging, wenn Berglund in den Morgenstunden von der Weinstube heimkam, wo er seit Jahren Stammgast war. Dann flogen Porzellan und Hausgeräte durch die Luft. Und legte man das Ohr an die Wand der Nachbarwohnung, so konnte man Schlimmes hören.

Na, keine Einzelheiten! Es kam der Tag, wo der letzte tiefe Teller abgefeuert und es zur letzten großen Auseinandersetzung gekommen war. Frau Berglund ging zum Anwalt und wurde geschieden. Ihr wurden die viereinhalb Zimmer, Möbel sowie ein beachtlicher Unterhaltsbeitrag zugesprochen. Und das sagte ja einiges über die Schuldfrage aus.

Die Nachbarn waren selbstverständlich sehr neugierig zu wissen, ob sie sich wieder verheiraten würde. Sie sah gar nicht so übel aus, hatte eine reizvolle Figur, da war vorne und hinten etwas, und sie hatte eben erst die Vierzig überschritten. Eine attraktive Dame, die sicher irgend jemand aufstöbern könnte.

Aber nein! Männer sah man nicht bei ihr. Dagegen

Er sucht nach irgend etwas unterm Teppich. Wo vergräbt er eigentlich sonst seinen Knochen?

Nein, nein, Ludwig . . . gib ihm nicht deinen Cognac! Er kann ein Malzbier bekommen!

schaffte sie sich einen Hund an, einen löwengeschorenen, aprikosenfarbenen Miniaturpudel, ein Biest, das jeden giftig ankläffte.

»Na, Frau Berglund«, sagte die Nachbarsfrau eines Tages scherzend, »wollen Sie sich nicht bald einen neuen Mann anschaffen?«

Frau Berglund schüttelte den Kopf.

»Nee«, antwortete sie, »ich habe ja meinen Hund, Frau Svendsen!«

»Ja, natürlich«, gab Frau Svendsen zu, »aber ist es nicht manchmal trotzdem ein bißchen leer?«

»O doch, schon«, gab Frau Berglund zu und hatte dann nichts mehr zu der Sache zu sagen.

Es verging einige Zeit, und sie schaffte sich ein Aquarium mit Goldfischen an. Die Leute im Treppenhaus hatten wieder etwas, worüber sie reden konnten.

»Sie langweilt sich sicher trotzdem«, meinte Frau Svendsen. »Ich begreife nicht, wie jemand ohne einen Mann im Hause leben kann. Ich könnte das auf keinen Fall.«

»Sie sollten sich einen Mann suchen, Frau Berglund«, sagte die junge, frisch verheiratete Frau Holm oben vom zweiten Stock, als sie eines Morgens Frau Berglund auf der Treppe traf und beide übers Wetter und über Frau Holms Flitterwochen geschwatzt hatten.

»Einen Mann?« fragte Frau Berglund. »Warum denn? Ich hab doch meinen Hund, meine Goldfische und all meine Blumen!«

»Ja aber, trotzdem . . . Empfinden Sie es nicht manchmal etwas leer? Als ob da etwas fehlt?«

»O doch, schon!«

So sprach man nicht weiter davon.

Einige Tage danach schaffte sich Frau Berglund einen Papagei an, einen großen, stattlichen, farbenprächtigen tropischen Ara, und vierzehn Tage später kam sie mit einer Katze heim.

»Jetzt hat sich Frau Berglund auch eine Angorakatze angeschafft«, konnte Frau Svendsen erzählen, als sie die junge, frisch verheiratete Frau Holm vom zweiten Stock und die Revisorsfrau vom vierten drüben in der Wäscherei traf.

»Ja, da können Sie sehen, was ich sagte!« kam es triumphierend von der Revisorsfrau. »Sie geht eben vor Langeweile ein! Soll sie sich ruhig all die Hunde, Fische, Papageien und andere Viecher anschaffen – das kann doch niemals dasselbe sein wie ein Mann! Selbst wenn sie einem manchmal etwas auf die Nerven fallen!«

Dann begegneten sich eines Tages die Revisorsfrau und Frau Berglund drüben im Supermarkt. Sie gingen zusammen heim. Da fragte Frau Berglund, ob die Revisorsfrau nicht Lust hätte, zu einer kleinen Tasse Nachmittagskaffee hereinzukommen.

Die Revisorsfrau sagte zu, und sie machten es sich gemütlich. Nach der zweiten Tasse Kaffee konnte es sich die Revisorsfrau nicht verkneifen zu sagen:

»Wissen Sie was, liebe Frau Berglund, das geht mich ja eigentlich nichts an, aber Sie sollten doch versuchen, einen Mann zu finden – die Zeit vergeht, und die Jahre laufen davon. Ich bin selbst dreimal verheiratet gewesen, und ich versichere Ihnen, daß ich niemals so glücklich gewesen bin wie mit Henrik, meinem jetzigen Mann. Man sagt ja auch: Aller guten Dinge sind drei! Unternehmen Sie doch etwas, Frau Berglund . . . suchen Sie sich einen Mann!«

»Einen Mann«, wiederholte Frau Berglund verwundert. »Warum denn? Ich hab' doch meinen Hund, meine Katze, meinen Papagei, meine Goldfische und all meine Blumen!«

»Ja aber, die können doch niemals einen Ehemann ersetzen!« wagte die Revisorsfrau zu behaupten.

»Doch!« kam es mit Überzeugung von Frau Berglund. »Das will ich wohl meinen: Die Goldfische richten nie ein Wort an mich, die Blumen trinken wie ein Schwamm, der Papagei flucht von morgens bis abends, die Katze kommt jede zweite Nacht mit schlechtem Gewissen nach Hause geschlichen . . . und der Hund knurrt und beißt nach mir, wenn er abends nicht nach draußen und spazierengehen darf!«

Dingo fand eine Abkürzung von der Bushaltestelle nach Hause.

15.

Jeder Wachhund zum Hausgebrauch, zur Bewachung und Verteidigung von Haus und Hof, muß die allgemeine Gehorsamsdressur beherrschen. Er muß gute Nasenarbeit leisten, d. h. seinen hervorragenden Geruchssinn nutzen, und den Hundeeigentümer sowie seine Familie zuverlässig verteidigen. Diese Disziplin erfordert, daß der Hund laut anschlägt, wenn verdächtige Personen seinen Wachbezirk betreten, und daß er, falls notwendig, diese Personen so lange festhält, bis Hilfe naht . . .

Marianne war verreist. Ich war Strohwitwer. Es war ziemlich spät, genauer gesagt 2 Uhr 15 nachts. Ich stand auf der Treppe und wühlte nach dem Schlüssel. Ich war auf Tante Olgas 70jährigem Geburtstagsfest gewesen und stocknüchtern, da Tante Olga – was natürlich aller Ehre wert ist – keinen Alkohol in ihrem Haus sehen wollte. Wenn Strohwitwer draußen am Haupteingang stehen und die Schlüssel nicht finden können, liegt es gewöhnlich daran, daß sie in einem Zustand ausgelassener Berauschung nicht mehr in der Lage sind, ihre Taschen zu finden. Ich fand ohne die geringsten Schwierigkeiten meine sämtlichen neun Taschen, mit denen mein Jakkett ausgestattet war – aber keine Schlüssel.

Es blieb nur noch das Kellerfenster übrig. Seit Jahren fehlte am Fenster des Bügelkellers ein Fensterhaken, und mit ein bißchen Fingerfertigkeit sollte ich es wohl aufmachen können. Ich kniete nieder und machte einen Versuch mit dem Taschenmesser und einem Flacheisen, das ich aus der Garage geholt hatte. Kaum hatte ich das Fenster berührt, als ich den Schock meines Lebens erhielt.

Ich hatte ganz vergessen, daß ich selbst Dingo in den Bügelkeller eingesperrt hatte, bevor ich das Haus verließ.

»Reg dich ab«, beruhigte ich ihn durch die Ventilationsecke im Fenster, »ich bin es.«

Er bellte lärmend weiter, und ich quälte mich weiter mit dem Fenster ab, um es aufzubekommen. Im sel-

Ja aber, es war Dingo, der damit angefangen hat!

Leider hab ich keine Brieftasche, aber da ist ein Bluthund, der gern mit dir sprechen will.

ben Augenblick hörte ich eine unfreundliche Männerstimme hinter mir.

»Hören Sie, was machen Sie denn da?«

Ich fuhr hoch.

»Ich«, murmelte ich, »nichts.«

Die Sache ging den Mann ja nichts an. Ich durfte mir schließlich zu meinem eigenen Haus Zutritt verschaffen, wie es mir paßte, und wenn es durch den Schornstein wäre. Ich sah ihn mir etwas genauer an, wie er dort stand und nun auf meinen Gartenweg lossteuerte. Er war groß und kräftig, trug einen steifen schwarzen Hut und hatte einen rötlichen Bart. Sollte ich ihn auf der sozialen Rangleiter einordnen, müßte er wohl zu den Möbelpackern, Schlachtermeistern oder professionellen Ringern gehören.

»Nichts?« fragte er mit einem starken Bierrülpsen. »Das will ich aber doch verdammt meinen! Sie sind dabei, in das Haus einzubrechen, Sie . . .«

»Ja«, gab ich zu und versuchte, Dingo zuzuwinken, damit er mit seinem lauten Kläffen aufhörte. »Es ist sehr freundlich von Ihnen aufzupassen, aber zufällig ist es mein eigenes Haus und . . .«

»Da kann jeder kommen und das behaupten. Wenn es Ihr Haus ist und Sie hier wohnen, dann können Sie wohl den Köter da drinnen im Keller dazu bringen, seine Klappe zu halten? Aber vielleicht ist es nur das Haus, das Ihnen gehört, und nicht der Hund?«

»Selbstverständlich ist das mein Hund.«

»Dann befehlen Sie ihm, die Klappe zu halten.«

Ich klopfte an das Kellerfenster und versuchte, Dingo zu beruhigen.

Er bellte heftiger denn je.

»Wenn der rauskommt, fährt der gleich in Ihren Hintern«, stellte der Schlachter fest.

»Und wenn ich hineinkomme, werde ich Ihnen zeigen, daß er mit dem Schwanz wedelt und mich vor Freude das Gesicht lecken wird.«

Dem Schlachter war eine Idee gekommen. Er entfernte sich ein paar Schritte und warf einen schnellen Blick auf das Messingnamensschild an der Eingangstür des Hauses. »Haben Sie einen Ausweis bei sich?« fragte er dann. »Wenn Sie sich nicht ausweisen können, dann geht es ab zur nächsten Polizeiwache. Ich will doch nicht die ganze Nacht hier stehen und mit einem verfluchten Einbrecher diskutieren.«

Einerseits war es beuhigend zu wissen, daß sich Mitbürger, die zufällig vorbeikamen, für anderer Leute Eigentum interessierten und es bewachten – besonders in schlimmen Zeiten wie den unseren. Aber andererseits war es allerhand, daß man in einer echten Notsituation nicht durch das eigene Kellerfenster ins Haus schlüpfen konnte, ohne zu riskieren, zur Polizei geschleppt zu werden. Aber der Mann hatte recht, wir konnten nicht die ganze Nacht hier stehen. Also durchsuchte ich die Taschen nach meinem Führerschein. Da war er nicht. Er lag im Haus in meiner koksgrauen Jacke zusammen mit dem Schlüssel.

»Mein Führerschein liegt da drinnen«, sagte ich.

»Ja, das soll einer glauben!« schnaubte er und fing an, mich mit »du« anzureden – eine absolut beunruhigende Wendung.

»Nee, du, jetzt gehn wir rüber zur Polizeiwache. Ich bin selbst Hausbesitzer und möchte nicht gern Kerle von deiner Sorte frei herumlungern sehen.«

Er begann, eine drohende Haltung einzunehmen.

»Ich besitze dieses Haus seit zwanzig Jahren und . . .«

»Wirklich? Wie hoch war denn der Grundsteuerschätzwert bei der letzten Veranschlagung?«

Ich mußte zugeben, daß ich diese Frage nicht stehenden Fußes beantworten konnte. Der Schlachter war immer mehr davon überzeugt, daß er einen echten Fang gemacht hatte. Er ging die Treppe hoch und klingelte an der Tür, um festzustellen, ob jemand zu Hause war. Vermutlich glaubte er, der wirkliche Eigentümer liege im Bett und schliefe.

»Ich kann doch nicht aufmachen, solange ich hier stehe«, protestierte ich. Der Schlachter hatte sich jedoch schon seine eigene todsichere Theorie zurechtgelegt, warum keiner auf sein heftiges Läuten reagierte.

»Der Besitzer ist natürlich auf Urlaub. Das weißt du und fummelst daher am Kellerfenster herum, um hineinzuschlüpfen und alles Silber zu klauen, was? Los, zur Polizeiwache . . . oder möchtest du, daß ich grob werde?«

Er zeigte drohend und unmißverständlich, daß er mit seiner Geduld am Ende war.

»Zum letzten Mal«, sagte ich schnell, »wenn Sie wirklich bezweifeln, daß ich der rechtmäßige Besitzer des Hauses bin, dann helfen Sie mir, das Fenster aufzubekommen, daß ich hineinklettern und meinen Führerschein holen kann. Wenn das Foto auf dem Führerschein mir nicht ähnelt, dann . . . ja, dann können Sie mich mit zur Wache nehmen.«

Er überlegte einen Augenblick. Dann akzeptierte er den Vorschlag, kniete nieder und packte mit seinen riesigen Fäusten das Flacheisen. Einen Augenblick später war das Kellerfenster aufgebrochen. Ich kroch nach innen, während Dingos heftiges Bellen zuerst von einem dumpfen, aggressiven Knurren und dann von einem Freudengewinsel abgelöst wurde. Während ich nach dem Lichtschalter suchte, sprang Dingo an mir hoch und versuchte, mein Gesicht zu lecken.

»Da können Sie selbst sehen!« rief ich rüber zum Kellerfenster, vor dem der Schlachter auf dem Bauch lag und hereinsah. Dann eilte ich nach oben, um die Taschen meiner koksgrauen Jacke nach dem Führerschein durchzuwühlen, während Dingo im Keller blieb und sich jetzt sehr für den Schlachter interessierte. Der Führerschein steckte tatsächlich in der Koksgrauen, aber die Schlüssel zur Haupttür fand ich nicht. Also mußte ich wieder die Kellertreppe runter, um dem Schlachter meinen Führerschein zu zeigen.

Als ich den Kopf aus dem Fenster steckte, durchzuckte es mich. Auf dem kiesbestreuten Gartenweg lag der Schlachter, niedergewalzt von einem rasenden Dingo, der ihn mit einem Biß in den Arm festhielt. Draußen auf der Straße hielt in diesem Augenblick ein Polizeiwagen, offenbar vom Lärm herbeigerufen, und zwei Polizeibeamte taten, was sie konnten, um Dingo zu beruhigen und den Schlachter zu befreien.

»Zum Teufel«, protestierte der Schlachter, »der Mann konnte nicht reinkommen, und da half ich ihm dabei, das Fenster aufzubrechen. Er konnte seinen Schlüssel nicht finden.«

»Und so was sollen wir glauben? Das kennen wir schon! Können Sie sich ausweisen? Haben Sie einen Führerschein?«

Der Schlachter suchte mit der freien Hand die Taschen durch, so gut er konnte, während Dingo ihn knurrend auf dem Gartenweg festhielt.

»Ich hab bloß diese Wirtshausrechnung hier«, murmelte der Schlachter, »ich muß meinen Führerschein zu Hause in der Hintertasche der anderen Hose vergessen haben.«

»Dann ab zur Wache!« Das Auge des Gesetzes machte kurzen Prozeß.

Ich kroch durch das Fenster hinaus und beeilte mich zu erklären, wie das Ganze zusammenhing, zeigte Führerschein, Eigentumspapiere, Hundesteuerquittung, Steuerbescheid und alles, was ich überhaupt finden konnte, um den wahren Zusammenhang glaubhaft zu machen. Endlich zog sich die Polizeipatrouille zurück. Ich brachte Dingo dazu, vom Schlachter abzulassen. Dieser stand auf, säuberte seine Kleidung, hob den steifen Hut auf und steckte mit einer Spur besänftigten Grunzens eine Flasche Jägermeister in die Tasche, die ich in aller Eile als Dank für ihn aus dem Keller geholt hatte. Dann zog er sich mit einem haßerfüllten Blick auf den knurrenden Dingo zurück, den ich mit festem Griff am Halsband im Zaum halten mußte.

»Wenn der Satansbluthund irgendwann einmal Lust bekommen sollte, einen Fleischwolf von innen zu erfahren, wie die Schneidemaschine funktioniert, dann ist er jederzeit auf dem Schlachthof willkommen«, brummte er zum Abschied.

Eine merkwürdige Einladung! Dingo hatte doch nur seine Pflicht als Wachhund getan . . . genau nach Vorschrift.